Erfolgreiche Nachzuchten im Meerwasseraquarium

Joachim Frische

Danksagung

Es wäre vermessen zu behaupten, daß vorliegende Buch sei von einer Person geschaffen worden. Eine Vielzahl erfahrener und versierter Meerwasseraquarianer waren an der Vermittlung des aktuellen Wissensstands beteiligt - sei dies nun aktiv oder indirekt durch Publikationen in den Fachbüchern und Fachzeitschriften.

Aber nicht nur Aquarianer sind an der Fertigstellung eines solchen Buchs beteiligt - auch Außenstehende. Es ist nicht möglich alle hier aufzuzählen - es würde den Rahmen erheblich sprengen.

Einigen Personen aber möchte ich doch namentlich meinen Dank aussprechen.

Vor allen Dingen meiner Familie, die sich aus meinen beiden Kindern Raphael und Vanessa und meiner Frau Claudia zusammensetzt, gilt mein Dank, da Sie mir - wie schon so oft - die Zeit gegeben haben, das Manuskript niederzuschreiben. Weiterhin gilt mein Dank nicht minder dem Verlag, der - wieder einmal - keine Mühen gescheut hat, das Manuskript in die vorliegende Form zu bringen.

Nicht minder zu Dank verpflichtet bin ich meinem meerwasseraquarianischen Mitstreiter Heinrich Barchet.

Weiterhin ist mein langjähriger Freund Franz Högerl zu erwähnen, der mich stets mit Rat und Tat und einwandfreien Tieren unterstützt hat.

Ein ganz besonderer Dank gilt Herrn Robert Brons - ein kompetenter Fachmann auf dem Gebiet der Nachzucht mariner Organismen. Nur mit seiner Unterstützung ist die Verwirklichung dieses Buchs möglich geworden. Frau Prof. Ellen Thaler möchte ich für die vielen nützlichen Hinweise und die gebotenen Diskussionsmöglichkeiten herzlichst danken.

Ein großes Dankeschön möchte ich an des Löbbecke Museumund den Aqua-Zoo in Düsseldorf richten. Nicht nur, daß ich die Erlaubnis zum Fotografieren bekam - nein, auch die hier öffentlich ausgestellten Aquarien sind vorbildlich und unterstützen die Meeresaquaristik über alle Maßen.

Desweiteren gilt mein Dank all jenen engagierten Meerwasseraquarianern, die nicht müde werden, ihre gemachten Erfahrungen zu publizieren. Diese wertvollen Niederschriften gereichten dem Buch mit zu seiner Informationsfülle. Die Namen aller finden sich im Literaturverzeichnis einschließlich ihrer Publikationen.

Schließen möchte ich mit einem Dankeschön an meine Schwiegereltern Waltraud und Friedrich und an meine Eltern Jutta und Bernhard.

e-mail: bede-Verlag@t-online.de; Internet: http://www.bede-verlag.de

Herstellung und Gestaltung: bede-Verlag

Alle Fotos Joachim Frische, sofern nicht anders angegeben.

ISBN 3-931 792-86-2

Inhalt

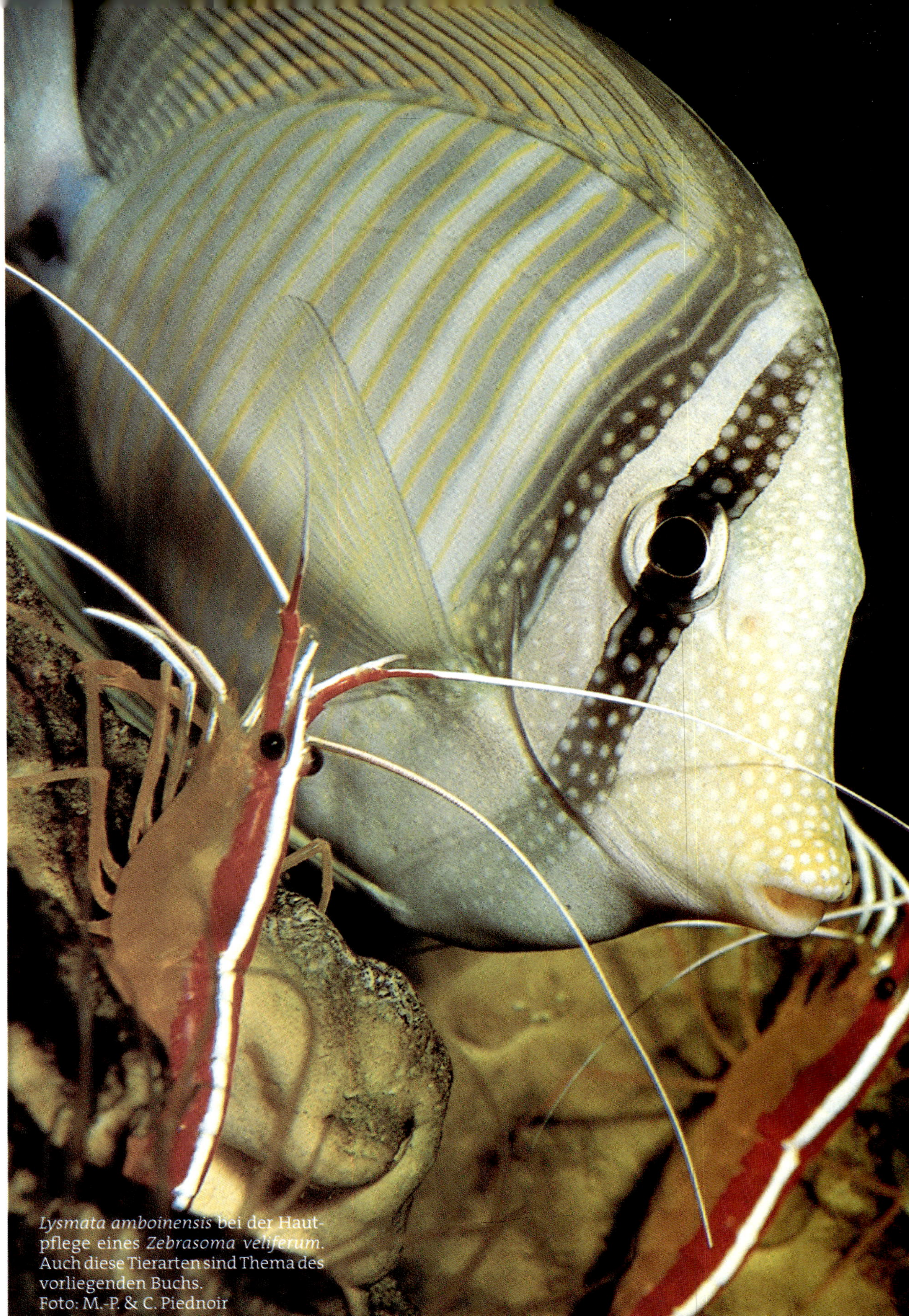

Lysmata amboinensis bei der Hautpflege eines *Zebrasoma veliferum*. Auch diese Tierarten sind Thema des vorliegenden Buchs.
Foto: M.-P. & C. Piednoir

Vorwort

Eine der großen Herausforderungen für den Meerwasseraquarianer ist zweifelsohne der Versuch, Meeresbewohner im Aquarium erfolgreich nachzuzüchten. Während es in den vergangenen Jahren hervorragende Erfolge bei der Vermehrung von Korallen gegeben hat, befindet sich die erfolgreiche Nachzucht von Meeresfischen und Krustentieren in den meisten Fällen noch im Stadium der Pionierarbeit.

Da der kommerzielle Antrieb bis heute noch sehr gering ist, ist logischerweise auch die Anzahl der professionellen Züchter, die sich mit der Vermehrung von Riffbewohnern beschäftigen, noch sehr gering. Nur einige Individualisten innerhalb dieser kleinen Gruppe verbringen sogar 100 % ihrer Zeit mit dem Vorhaben der erfolgreichen Nachzucht. Auch unter den Hobbyaquarianern arbeiten nur wenige konstant und ernsthaft am Problem der erfolgreichen Nachzucht im Bereich der Meeresaquaristik. Natürlich sind bei diesen Hobbyaquarianern die Voraussetzungen sehr unterschiedlich, im Gegensatz zu den Profizüchtern. Zuchtversuche sind sehr zeitaufwendig und in den meisten Fällen ist es äußerst schwierig, in der Literatur brauchbare Informationen zu finden. Das Hobby der Meeresaquaristik ist glücklicherweise ein Wachstumsmarkt und immer mehr Züchter werden durch kleine Erfolge motiviert. Viele Meeresaquarianer werden von diesem Buch profitieren und wichtige Erkenntnisse daraus ziehen können. Ein erfolgreicher Hobbyzüchter braucht verschiedene Qualitäten, um sich selbst durch die meist schwierigen Situationen, Mißerfolge und Frustration zu lotsen.

Leider wird *Acanthurus sohal* aufgrund seiner Streitsüchtigkeit vielfach allein gepflegt - ein inakzeptabler Zustand.

Als Beispiel für einen talentierten Amateur möchte ich Hermann Wassink erwähnen, der in den 80er Jahren große Erfolge mit der Zucht von *Calloplesiops altivelis* hatte. Er war der erste, der dies minutiös aufgezeichnet hatte. Seine Notizen zeigen ganz klar die Charakteristik eines Hobbyaquarianers, der zum Erfolg gekommen ist. Voraussetzungen sind, sich der Aufgabe mit Hingabe zu widmen, eine endlose Geduld und ein wirkliches Interesse zu entwickeln, sowie die Bereitschaft aus gemachten Fehlern zu lernen.

Das Buch von Joachim Frische, welches jetzt vor Ihnen liegt, ist einmalig in seiner Art und es sollte von jedem Meeresaquarianer unbedingt gelesen werden, damit er inspiriert wird, Zuchtversuche im Meeresaquarium zu starten. Ich wünsche dieser einmaligen Publikation einen großen Erfolg.

September, 1998
Robert Brons
Meeresbiologe
De Jong Marinelife B. V. Niederlande

Einleitung

Die Meeresaquaristik mit all ihren Sonnen- und Schattenseiten bietet dem engagierten Naturfreund ein breitgefächertes, unerschöpfliches Betätigungsfeld, das immer mit einer besonderen Faszination verknüpft bleiben wird.

Phytoplankton- und *Brachionus*-Kulturen in einer Aufzuchtanlage von Hermann WASSINK.
Foto: Robert Brons

Noch vor Jahren lag das vorrangigste Ziel in der Pflege tropischer mariner Riffbewohner, deren Überleben im Aquarium es zu sichern galt. Dann folgte der erfolgreiche Versuch, die Niederen Tiere gemeinschaftlich mit den Fischen zu pflegen und ihnen Bedingungen zu bieten, unter denen sie sich wohlfühlen. Ein Ziel, dessen erfolgreiches Gelingen inzwischen vermeldet werden kann. Die Buchreihe: „Ihr Hobby" mit dem Themenbereich Meeresaquaristik soll als Beispiel für einen Weg zur erfolgreichen Verwirklichung dieses Vorhabens genannt werden.

Daß dieses „Stück Arbeit" hin zu einem naturnahen und funktionierenden Aquarium realisiert werden konnte, ist nicht zuletzt den Herstellern meerwasseraquaristischer Produkte zu verdanken, welche die Anregungen und Forderungen engagierter und versierter Aquarianer auf diesem Gebiet gekonnt umgesetzt haben.

Damit wären wir also am Ziel angelangt?

Bestimmt nicht - denn die meisten von uns gepflegten marinen Tiere der tropischen und subtropischen Meere wurden von ihren Heimatgewässern in unsere Aquarien umgesiedelt. Deshalb ist es unsere Pflicht, auch von den Naturentnahmen - zumindest teilweise - unabhängig zu werden. Schon allein deshalb, weil die Meerwasseraquarianer wegen der Pflege von Organismen, die aus der Natur stammen, immer wieder angeprangert werden. Nicht die Biotopzerstörung ist maßgeblich an der Vernichtung der Riffe beteiligt - es soll der Meerwasseraquarianer sein. Ein Widerspruch - doch wer vermag schon gegen eine einflußreiche Lobby zu Felde ziehen, wenn eine kleine Randgruppe - Meerwasseraquarianer genannt - ohne nennenswerte Gegenwehr greifbar ist.

Nicht nur die Zerstörung von Natur und Lebensräumen ist ein Argument Nachzuchten bei der Pflege mariner Tiere zu bevorzugen. Tiere, die in der Obhut des Menschen vermehrt wurden, sind außerdem um ein vielfaches besser an die eingeschränkten Verhältnisse eines Aquariums angepaßt.

Für die Fische der tropischen Riffe heißt dies konkret, daß sie mit ungewohntem Futter und vielen parasitären Erkrankungen, sowie den Strapazen des Fangs und Versands nicht mehr konfrontiert werden müssen.

Durch die uns zur Verfügung stehenden Mittel ist es heute ein leichtes geworden, den Meerestieren optimale Pflegebedingungen zu bieten. Ein wesentliches Bestreben der Aquaristik ist es schließlich, die Fische am Leben zu erhalten und sie nicht alle paar Monate durch neue ersetzen zu müssen.

Die Niederen Tiere wachsen und fühlen sich wohl, die Fische finden einen natürlichen Lebensraum vor, in dem sie rasch ans Futter gehen und sich

Die überwiegende Zahl aller Falterfische durchstreift als Paar ihr Revier. Vorrangigstes Ziel dieser Gemeinschaft ist allerdings nicht die Fortpflanzung, sondern die Ernährung. Während der eine frißt, hält der andere Wache; hier *Chaetodon trifasciatus*.

wohlfühlen. Den Fischen fehlt es an nichts und so dauert es gar nicht lange, und die ersten Ablaicherfolge sind bei geschlechtsreifen Tieren zu vermelden - zumindest bei vielen kleinbleibenden Arten. Dies gilt nicht minder für jene die gemeinhin als „Niedere Tiere" bezeichnet werden. Es ist bei einer ganzen Reihe mariner Organismen einfach geworden, durch die Optimierung der Pflegebedingungen den Akt der Fortpflanzung einzuleiten.
Was aber geschieht mit den Fortpflanzungsprodukten?
Und was geschieht mit den geschlüpften Larven?
Was geschieht mit den entlassenen Jungfischen?
Welche Voraussetzungen sind zu erfüllen, um die Fortpflanzung einzuleiten?
Gibt es Möglichkeiten außerhalb der geschlechtlichen Fortpflanzung Arten zu vermehren?
Wie ist der momentane Stand der erfolgreichen Nachzucht?
Wie sinnvoll ist die aufwendige Nachzucht mariner Organismen?
Welche Voraussetzungen sind für das Gelingen zu erfüllen?
Fragen über Fragen, die oft gestellt aber häufig nur unzureichend beantwortet wurden.
Das vorliegende Buch wird versuchen, Antworten darauf zu geben. Ich bin jedoch davon überzeugt, daß diesem Anspruch - soweit heute möglich - Rechnung getragen wurde.
Der Vollständigkeit wegen möchte ich kurz auf die unterschiedlichen Begriffe Befruchtung, Vermehrung und Fortpflanzung eingehen.
Zunächst zur Bedeutung der Befruchtung:
Sie steigert die Variabilität der Organismen und damit ihre Anpassungsfähigkeit. Ihr Gegenüber bietet die ungeschlechtliche Fortpflanzung den Vorteil einer hohen Vermehrungsrate.
Die Begriffe Fortpflanzung und Vermehrung haben unterschiedliche Bedeutungen.
Die Vermehrung ist eine Vervielfältigung eines Ganzen (zum Beispiel Einzeller, Einzelzelle eines Vielzellers oder ein Vielzeller).
Bei der Fortpflanzung wird nur ein Teil des Ganzen vervielfältigt (Geschlechtszellen, ungeschlechtliche Fortpflanzungskörper) das heißt, mit der Fortpflanzung ist nicht immer eine Erhöhung der Individuenzahl verbunden.
Ich wünsche jedem engagierten Meerwasseraquarianer der sich in das Gebiet mariner Nachzuchten einarbeiten will von Herzen, daß er selbst an dem faszinierenden Geheimnis - eine der letzten Herausforderungen in der Meeresaquaristik - Interesse findet und alles daran setzen wird, um dieses unbeschreibliche Glücksgefühl zu erfahren, wenn eines Tages nach langer, harter Arbeit ein kleines Wesen im Nachzuchtaquarium schwimmt. Aus einer nur wenigen Millimeter großen Larve ist ein mehrere Zentimeter großer, mariner Organismus herangewachsen.

Voraussetzungen zur Nachzucht

Um mit der Nachzucht von marinen Lebewesen beginnen zu können, sind einige Anschaffungen nötig, die im folgenden abgehandelt werden. Eine davon sind zusätzliche Aquarien, die für die Kultivierung von Plankton und für die Hälterung der abgegebenen Eier sowie der geschlüpften Larven nötig sind. Es muß klar sein, daß eine Nachzucht im eigentlichen Schauaquarium sich auf wenige Arten beschränkt.

Weiterhin sind Anlagen für die Kultivierung von *Artemia salina* notwendig. Hier sei gleich darauf hingewiesen: Die Aufzucht von marinen Lebewesen kostet zunächst einmal viel Geld, natürlich Zeit, Geduld und Arbeit. Das Ergebnis wird trotzdem in den meisten Fällen eher bescheiden sein. Bescheiden? Dieses Wort ist in der Nachzucht verpönt. Denn bereits die gelungene Aufzucht von einem einzigen Exemplar ist ein Erfolg, den es erst einmal von anderer Seite zu wiederholen gilt.

Definiert werden muß hingegen der Begriff „Erfolgreiche Nachzucht". Manche Aquarianer bezeichnen bereits das Ablegen von Eiern oder das Freisetzen von Larven als erfolgreiche Nachzucht. Dies ist sicherlich nur ein Anfang. Um eine gelungene Aufzucht handelt es sich dann, wenn ein selbständig lebender, geschlechtsreifer Organismus aus einem Ei oder einem Ableger entstanden ist.

Bei der vegetativen Vermehrung von Wirbellosen bedeutet eine erfolgreiche Nachzucht den Erhalt eines neuen, eigenständigen und lebensfähigen Individuums oder einer Kolonie.

Phyto- und Zooplankton - unersetzbar als Erstnahrung

Im Meer leben kleinste Organismen, die sich passiv ohne nennenswerte Eigenbewegung mit der Strömung treiben lassen. Das Wasser ermöglicht dies, wegen seiner im Verhältnis zur Luft größeren Dichte. Dadurch können diese Organismen passiv schwimmen und driften. Dies hat zur Ausbildung eines reichen Planktonlebens geführt. Dies wiederum führte im Meer zur Entwicklung von Tieren mit festsitzender Lebensweise (Sessilität), da diese im Wasser Nahrung herbeistrudeln und in ähnlicher Weise auch ihre Geschlechtsprodukte einander im Wasser zuführen können.

Zu diesen Organismen zählen zum Beispiel winzigste Krebschen, Fisch- und Garnelenlarven, Fischeier, Miniaturausgaben von Wurmartigen und einzellige Algen. Werden die winzigen Organismen tierischer Herkunft unter dem Oberbegriff Zooplankton zusammengefaßt, so bezeichnet man die pflanzenartigen Kleinstlebewesen als Phytoplankton. Plankton kann allgemein nach der Größe eingeteilt werden:

- Nanoplankton = < 20 µm
- Mikroplankton
- Makroplankton = bis 5 mm
- Megaplankton = > 5 mm

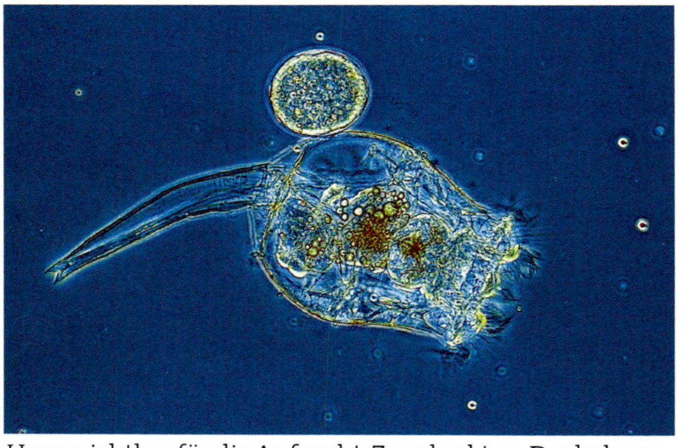

Unverzichtbar für die Aufzucht: Zooplankton. Der bekannteste Organismus ist *Brachionus plicatilis;* hier ein Weibchen mit einem Ei.
Foto: Robert Brons

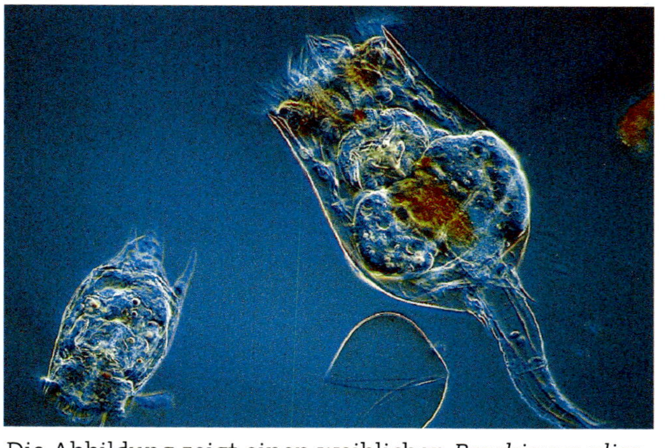

Die Abbildung zeigt einen weiblichen *Brachionus plicatilis* mit Jungtier; daneben die leere Eihülle.
Foto: Robert Brons

Nicht nur Larvenstadien ernähren sich von planktonischen Organismen. Auch lichtunabhängig wachsende Blumentiere, wie zum Beispiel diese *Swiftia exerta* ernährt sich von Planktonorganismen.

Beide Arten des Planktons dienen der Ernährung von Larven der unterschiedlichsten Herkunfts- und Entwicklungsstadien, wobei auch kleine Larven den Größeren als Nahrung dienen. Um eine Nahrungsgrundlage für die frischgeschlüpften Organismen zu schaffen, die wir im Aquarium vermehren wollen, benötigen wir eben diese beiden Planktonarten. So ernähren sich z. B. Muschellarven von Phytoplankton. Die Larven von Korallenfischen dagegen benötigen Zooplankton.

Das Phytoplankton

Dazu gehören:

- Einzellige Algen
- Kieselalgen (Diatomeen)
- Dinoflagellaten
- Blaualgen (Cyanobakterien)
- Kalkflagellaten

Das Phytoplankton wird in erster Linie nur zur Ernährung von Zooplankton und Artemien genutzt. Zunächst werden mehrere kleinere Aquarien mit abgelassenem Aquarienwasser aus dem Schauaquarium gefüllt. Dieses Wasser wird belüftet und beleuchtet. Die Zimmertemperatur sollte rund 20° Celsius betragen. Dies ist wichtig, damit das Wasser nicht zu stark abkühlt. Außerdem sollte darauf geachtet werden, daß ein Temperaturanstieg von über 25° Celsius vermieden wird. Phytoplankton gedeiht am besten bei einer Temperatur von 20° Celsius. Neben einer ständigen, schwachperligen Belüftung wird das Wasser zusätzlich 24 Stunden täglich mit einer Leucht-

Links: Eier des Salinenkrebses *Artemia salina.*
Rechts: Ebenfalls Eier des Salinenkrebses *Artemia salina,* die jedoch auf der Wasseroberfläche treiben.
Fotos: Robert Brons

Aufzuchtanlage, die dazu dient, die Eier des Salinenkrebses *Artemia salina* zum Schlupf zu bringen. Praktisch dabei ist, daß der Trichter an seinem sich verjüngenden Ende einen Hahn hat. Hier sammeln sich die Nauplien, wenn die Belüftung abgestellt wird. Sie können dann einfach abgelassen werden, ohne leere Eihüllen, da diese auf der Wasseroberfläche treiben.

stoffröhre - je nach Aquariengröße reichen bereits 18 Watt - beleuchtet. Ich bevorzuge die Lichtfarbe 72 Biolux der Firma Osram. Außerdem habe ich Artemien im Phytoplankton-Aquarium kultiviert. Dies ist ein einfacher Weg um Artemien der verschiedenen Altersstadien zu erhalten. Diese Futtertiere sind bei älteren Larven eine wertvolle Speiseplanergänzung, zumal vitale Alttiere des Salinenkrebses unter bestimmten Voraussetzungen lebende Junge absetzen können.
Das Phytoplankton sollte bei einer Salzdichte von rund 1,024 kultiviert werden. Um immer ausreichend Phytoplankton zur Verfügung zu haben, müssen zwei bis drei Aquarien mit einem Fassungsvolumen von jeweils 30 Litern oder mehr in Betrieb sein.
In aller Regel beginnt das Wasser sich nach drei bis vier Wochen grün zu verfärben. Die Intensität der Grünfärbung und damit die Planktonmenge nimmt stetig zu und nach etwa sechs bis acht Wochen haben wir eine dunkle Brühe, die sich ideal zur Verfütterung eignet.
Die beste Methode ist allerdings die folgende: Zunächst wird eine Düngung des Meerwassers mit einer Algennährlösung vorgenommen. Ist dies geschehen, dann erfolgt die Impfung mit einer Startkultur aus Mikroalgen. Das Resultat ist überwältigend! Eine vitale, dichte Grünalgenpopulation - und dies in kürzester Zeit! Die beschriebene Beleuchtung in angegebener Ausführung vorausgesetzt.
Im dreimonatigen Abstand wird jeweils eine der Phytoplanktonkulturen verworfen. Das Aquarium wird gereinigt und mit Meerwasser aus dem Schauaquarium gefüllt. Dann wird dieses Wasser aus einer der anderen Kulturen geimpft; unter gleichzeitiger Beimischung der Nährlösung.
Auf diese Weise wird wechselnd alle drei Monate die älteste Phytoplanktonkultur verworfen und jeweils anschließend neu gestartet.
Wozu wird das Phytoplankton benötigt, wenn sich die wenigsten Larvenarten von Algen ernähren? Das Phytoplankton bildet - wie bereits erwähnt - die Ernährungsgrundlage für das Zooplankton. Weiterhin übernehmen die winzigen Algen die Aufgabe eines biologischen Filters. Sie entnehmen der Zooplanktonkulturbrühe die Nitrate und Phosphate und erhalten dadurch eine gute Wasserqualität, welche für die zukünftige Brut von elementarer Bedeutung ist.
Phytoplankton wird deshalb auch zu einem gewissen Anteil in das Wasser des Aufzuchtaquariums gegeben, um hier ebenfalls einer übermäßigen Wasserverschmutzung entgegenzuwirken.

Aber: Vorsicht bei einer Überfütterung mit Phytoplankton!
Wie alle Pflanzen nehmen auch die phytoplanktonbildenden Organismen nachts Sauerstoff auf und geben Kohlendioxid ab, was zu starken pH-Wert-Schwankungen und in kritischen Fällen zu Sauerstoffmangel führen kann.
Ein Effekt der den Tod der Larven bedeutet.

Das Zooplankton

Die zweite Form des Planktons ist das Zooplankton, das aus unzähligen kleinster Organismen tierischer Herkunft besteht. Einen hohen Anteil stellen die Radiolaria (Strahlentierchen), Foraminiferen (Lochschalentiere)und die Crustaceen (beispielsweise Copepoden).
Einen geringen Anteil stellen die Medusen, Salpen Würmer, Antozoen, pelagische Mollusken sowie die Eier und Larven der Fische.
In ihrem natürlichen Habitat verbringen die Korallenfische ihre ersten Lebenswochen als Larve im Plankton, das ihre Hauptnahrungsquelle darstellt.
Das zukünftige Bestreben muß es sein, weitere geeignete Organismen aus dem Wildplankton zu selektieren und in Kultur zu nehmen. Sie müssen folgende Forderungen erfüllen:

- Richtige Größe
- Monokultur
- Hoher Nährwert
- Leicht und in großer Menge züchtbar.

Einen solchen Anfang stellen diverse, seit kurzem im Handel erhältliche Copepoden-Kulturen dar, über die in letzter Zeit viel zu lesen stand. Offensichtlich ist es hier gelungen, Stämme zu selektieren, die für die Aufzucht mariner Organismen von Vorteil sind, da sie unter anderem einen hohen Nährwert haben, den die Larven nutzen können. Inwieweit Omega-III-Fettsäuren hier eine Bedeutung haben ist noch nicht geklärt.
Für die Zwecke der Nachzucht haben sich bislang Rädertierchen (Stamm Rotifera) der Gattung *Brachionus* sehr gut bewährt, obwohl ihr Nährwert relativ gering ist. Eine Stammkultur zur Kultivierung wird inzwischen von vielen Meerwasserfachgeschäften angeboten. Die frischerworbene *Brachionus*-Kultur wird ebenfalls in Altwasser überführt, wobei das Zooplankton wie bei allen marinen Organismen an das neue Lebenselement angepaßt werden muß. Nach dieser Prozedur werden einige Liter der Phytoplanktonsuspension zugegeben. Handelt es sich um eine gesunde *Brachionus*-Kultur, dann kann der Aquarianer bald kleine, bis stecknadelkopfgroße weiße Pünktchen durch das Wasser treiben sehen, die sich täglich vermehren. Neben der Fütterung mit Phytoplankton ist ebenfalls ein grobperliger Ausströmerstein zu installieren, der das Wasser mit aus-

Relativ problemlos lassen sich die Arten *Acanthurus olivaceus* und *Acanthurus tennenti* in der Gruppe pflegen.

reichend Sauerstoff anreichert. Die Wassertemperatur kann zwischen 20° Celsius und 25° Celsius betragen, während die Dichte bei etwa 1.024 liegen sollte.
Um verschiedene Planktongrößen zu erhalten, ist es unumgänglich verschiedene Zooplanktonstämme zu kultivieren. Zuweilen werden aber auch vom Fachhandel Mischkulturen angeboten, die alle benötigten Größen enthalten. Die unterschiedlichen Planktongrößen sind deshalb vorteilhaft, weil für eine Reihe von Larven die dargebotenen *Brachionus* bereits zu groß sind.
Im Abstand von vier Wochen muß das Zooplanktonbehältnis gereinigt und die Kultur frisch angesetzt werden. Dies ist deshalb nötig, weil unter normalen Bedingungen die Kulturen dann so dicht geworden sind, daß sie umzukippen drohen. Kurz vor diesem Ereignis verfärbt sich das Wasser von grün zu bräunlich-gelb.
Ein oder zwei Liter der alten Zooplanktonkultur halten wir zurück und starten damit eine neue. Um jederzeit ausreichende Mengen an Zooplankton zur Verfügung zu haben, benötigen wir mindestens zwei besser drei Aquarien mit einem Inhalt von 30 Litern oder mehr - je nach Größe des Aufzuchtaquariums.
Zooplankton läßt sich auch anders ernähren, allerdings zu Lasten der Wasserqualität. So wird häufig mit Wasser aufgeschwemmte Bäckerhefe zur Ernährung eingesetzt. Erfolgt gleichzeitig eine Zufütterung mit Phytoplankton, dann ist die Hefe eine durchaus akzeptable Möglichkeit.
Zur Ernährung des Zooplanktons wird soviel Hefesuspension zugegeben, daß die entstehende milchige Trübung nach 24 Stunden verschwindet. Alternativ lassen sich auch Planktolen, F.F.P.F. (Food for Plankton Feeders), Microplan und mit Einschränkung (weil nicht sonderlich nahrhaft) Liquifry verwenden.
Wichtig ist auch bei der Fütterung mit Feinstfutter, daß eine Überdosierung vermieden wird.

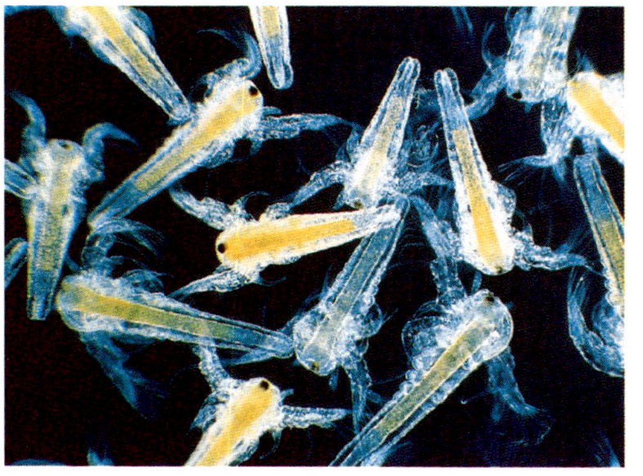

Wenige Stunden alte Nauplien des Salinenkrebses.

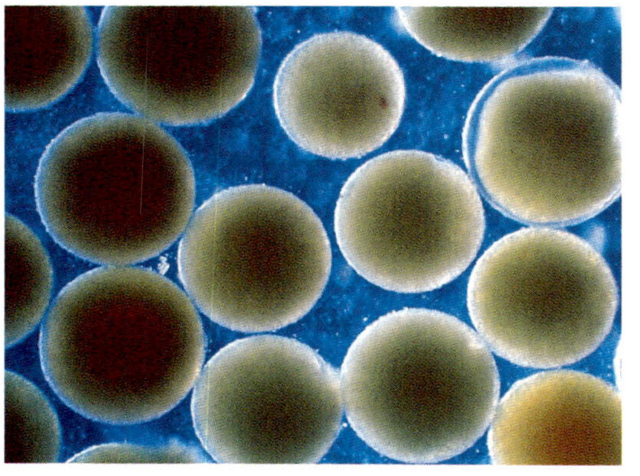

Dehydrierte Artemia-Eier die im Meerwasser treiben.

Leere Eihüllen nach dem Schlupf der Nauplien.

Fotos: Robert Brons

Insbesondere müssen die Nitrit-, Nitrat- und Phosphatwerte kontrolliert werden.
Dies ist nicht ganz einfach, weil die im Wasser befindlichen Mikroorganismen zu fehlerhaften Meßresultaten führen können. Eventuell vorhandene Organismen werden durch die Meßreagenzien getötet. Folglich muß das Wasser zunächst durch einen 0,45 µm oder besser 0,22 µm-Filter gepreßt werden. Derartige Filter sind im Laborfachhandel erhältlich.

Eine besondere Form des Zooplanktons sind die Artemien, denen in der Aufzucht eine besondere Bedeutung zuteil wird. Dies ist um so erstaunlicher, da es sich um Krebschen handelt, die stark salzhaltige Seen (Salinen - daher der deutsche Name) besiedeln, aber im Meer nicht vorkommen. Trotzdem nehmen viele Larven ab einer bestimmten Größe die frischgeschlüpften Nauplien des Salinenkrebses gern zu sich.
Die vorbehandelten Eier des Salinenkrebses, *Artemia salina* sind im Handel erhältlich, wodurch eine hohe Schlupfrate garantiert werden kann. Diese Eier werden bebrütet, ehe aus ihnen die gewünschten Nauplien schlüpfen. Zu diesem Zweck bietet der Fachhandel Gefäße zur *Artemia*-Kultur an. Mit ein wenig Fantasie geht es aber auch anders. Benötigt werden eine Luftpumpe, Tangit (ein Kunststoffkleber), ein PVC-Röhrchen, ein Absperrhahn und mehrere Kunststoffflaschen. Mit einer Säge wird der Boden der Kunststoffflaschen abgetrennt. In den Deckel wird mit einer heißen Schere ein Loch gebohrt, das den Durchmesser des PVC-Röhrchens hat. Dann wird das PVC-Röhrchen mit Tangit in das Loch eingeklebt - völlig dicht versteht sich. 24 Stunden aushärten lassen. Dann wird mit Hilfe eines Schlauchs der Absperrhahn auf das PVC-Röhrchen geschoben. Fertig. Die Flasche wird kopfüber an der Wand oder auf einer Holzplatte befestigt. Nun wird Salzwasser eingelassen, das mit einem Luftschlauch an dessen Anfang ein PVC-Röhrchen gesteckt ist, belüftet wird. Jetzt erfolgt die Zugabe der *Artemia*-Eier. Je nach Wassertemperatur und Qualität der Eier schlüpfen die Nauplien nach 18 bis 24 Stunden. Zur Gewinnung der geschlüpften Nauplien wird die Luftzufuhr gestoppt. Nach kurzer Zeit haben sich die Eihüllen an der Wasseroberfläche gesammelt, während sich die Nauplien im Hals der Flasche befinden. Die Nauplien werden über ein *Artemia*-Sieb aufgefangen und können verfüttert werden.
Eine wesentlich einfachere aber nicht minder erfolgreiche Methode ist die Kultivierung der Salinenkrebse in einer „Badewanne". Zu diesem Zweck wird eine große, flache Schale mit Salzwasser befüllt. Mit einem feinen Ausströmerstein wird das Wasser belüftet. Dann werden die *Artemia*-Eier zugegeben.
Die ersten ausgewachsenen Salinenkrebse sind nach zwei bis drei Wochen vorhanden. Die Salinenkrebschen werden mit den verschiedenen handelsüblichen Suspensionen oder Phytoplankton gefüttert. Die Dichte ist mitbestimmend, ob die geschlechtsreifen Salinenkrebse lebende Nauplien oder Eier produzieren. Bei einer Dichte von rund 1.025 werden lebende Nauplien zur Welt gebracht; bei einer Dichte von 1.035 oder höher werden von den geschlechtsreifen *Artemia salina* Eier abgegeben. Mit dieser „Billigmethode Badewanne" ist es möglich, Salinenkrebse eines jeden Entwicklungsstadiums zur Verfügung zu haben. Dies ist nicht nur für die Fischlarven gut, sondern auch für futterverweigernde Fische. Man sieht - *Artemia*-Aufzuchten sind in vielerlei Hinsicht nützlich.
Durch die unterschiedlichen Porengrößen (meist Nylon- oder Perlongewebe) der diversen Planktonsiebe ist es kein Problem, das gewünschte *Artemia*-Stadium auszusieben.
Der Panzer der frisch aus den Eiern geschlüpften Salinenkrebschen härtet etwa

Manchmal sind es nur Kleinigkeiten, die Männchen und Weibchen unterscheiden. Bei *Pomacentrus alleni* ist es die Intensität der gelben Farbe der Afterflosse.

zwei Stunden nach dem Schlupf aus. Dies zu wissen ist deshalb wichtig, weil viele Larven zunächst noch nicht in der Lage sind, bereits ausgehärtete Nauplien zu verdauen. Der Magensaft scheint noch nicht in der Lage zu sein, den Chitinpanzer der Nauplien zu zersetzen.
Eine Meinung die nicht von allen erfolgreichen Züchtern geteilt wird. Robert BRONS verfüttert *Artemia*-Nauplien die ein Mindestalter von 36 Stunden nach Schlupf haben. Er vertritt die Auffassung, da er das geschilderte Phänomen noch nie beobachten konnte, daß diese Aussage eines der vielen „Märchen" ist, die entstehen, wenn schlechte Zuchtergebnisse zu vermelden sind.
Demnach wäre nicht der mangelnde Säuregehalt des Magensafts die Todesursache bei der Futterumstellung der Larven von Plankton auf Nauplien, sondern die mangelnde oder zu späte Bereitschaft der Fischlarve Nauplien anzunehmen. Mit Sicherheit ist auch der schlechte Nährwert der Nauplie selbst Schuld an dem raschen Hungertod vieler Larven. Verursacht wird der unzureichende Nährwert durch eine mangelhafte Ernährung der Nauplien. Schuld ist der Pfleger, der nicht oder nicht richtig füttert.
Das Verfüttern von älteren Nauplien hat vor allen Dingen den Vorteil, daß der Nährwert wesentlich höher ist, als bei frischgeschlüpften *Artemia*-Nauplien. Frisch geschlüpfte Nauplien haben den geringsten Nährwert!
Einigkeit herrscht hingegen über den Verzehr von Eihüllen seitens der Fischlarven. Wenn diese die Eihüllen verschlucken, führt dies zu Magen- und Darmstörungen, die schließlich zum Tode führen. Um die Salinenkrebschen wirklich frei von Schalen zu bekommen, behilft man sich eines Tricks. Man nutzt die positiv phototrophe Reaktion der Krebschen. Stets zum Licht hinschwimmend, überführt man die abgelassenen Nauplien in eine kleine Schale, die zu 80 % abgedeckt ist. Die restlichen 20 % Freiraum werden beleuchtet. Hier versammeln sich nach kurzer Zeit die frischgeschlüpften Salinenkrebschen. Durch die Ruderaktivitäten werden noch vorhandene Schalenreste oder nicht geschlüpfte Eier in den dunklen Bereich transportiert. Es kann nach einigen Minuten eine schalenfreie *Artemia*-Kultur mittels einer Pipette oder eines kleinen Siebs zur Fütterung entnommen werden.
Der Fachhandel bietet vielfach geschälte Artemien an. Dabei handelt es sich um Nauplien, die mit Hilfe von Chlorbleichlauge von ihrer Schale befreit wurden. Es gibt zwei Dareichungsformen der so behandelten *Artemia*-Eier, bedingt durch die Konzentration als auch die Dauer der Einwirkzeit der Chlorbleichlauge. Bei der einen Variante schlüpfen die Larven ohne Schwierigkeit; bei der anderen Variante schälen sich die Nauplien quasi aus der Schale raus. Die Salinenkrebsembryonen treiben in einer Lösung und sind selbstverständlich tot. Dies gilt auch für Nauplien, die eingefroren wurden. Bei den eingefrorenen Salinenkrebschen ist der Panzer ebenfalls weich - verursacht durch das Wachstum von Eiskristallen während des Einfrierprozesses. Beide Formen können eine zusätzliche Bereicherung bei der Ernährung von marinen Larven sein, falls diese nicht ausschließlich auf Lebendfutter reagieren. Ältere Artemien sollten einige Stunden vor der Verfütterung mit einem Vitaminpräparat, das dem Wasser beigemischt wird, versorgt werden.
Die hier vorgestellen Ernährungsmöglichkeiten für marine Larven erheben nicht den Anspruch auf Vollständigkeit - es sind aber die gebräuchlichsten, mit denen viele erfolgreiche Aufzuchten durchgeführt werden.

Das Aquarium für Fischnachzuchten

Müssen wir für die Planktonkultur bereits ein Minimum von vier Aquarien einkalkulieren, kommt mindestens ein weiteres Behältnis hinzu, dessen Volumeninhalt nicht kleiner als 60 Liter betragen sollte. Es ist das Aufzuchtaquarium. Hier sollen die frischgeschlüpften Larven ihre ersten Lebenswochen verbringen.
Um den Larven die Grundvoraussetzungen zum Überleben zu schaffen, muß das Behältnis mit einigen grundlegenden technischen Dingen ausgestattet sein.
Als Minimalanforderung benötigen wir eine Luftpumpe mit Schlauch an dessen Ende sich ein sehr grobperlige Ausströmerstein findet. Weiterhin brauchen wir eine Lichtquelle und einen Heiz-

Mögliche Gestaltung eines Aufzuchtaquariums: Rechts die Aquarien mit Phyto- und Zooplankton; daneben das Aufzuchtaquarium für Larven und im linken Teil der Bereich für die Ableger, welche asexuell von Blumentieren gewonnen wurden. Der Leser beachte die UV-Lampe.

stab. Die Lichtquelle muß nicht über der Mitte des Aquariums installiert sein. Die Seiten sind hier vorzuziehen. Zum Einen ist ein Hantieren im und am Aquarium einfacher und zweitens sollte eine zu starke Lichteinstrahlung vermieden werden. So kann einer Blautonröhre oder einer violetten Pflanzenlicht-Leuchtstoffröhre der Vorzug gegeben werden. Erst wenn die Larven zu kleinen Garnelen oder Fischchen herangewachsen sind, denen das grelle Licht nichts mehr anhaben kann, wird eine Tageslichtröhre zugeschaltet.

Diesem Aquarium wird das Wasser mit den Larven zugegeben. Die Luftzufuhr durch den Ausströmerstein ist so zu wählen, daß die grobperligen Blasen langsam austreten, damit die Larven nicht geschädigt werden. Zu starke Scherkräfte schädigen die noch junge Brut, die ihrerseits nicht in der Lage ist, diesen Turbulenzen auszuweichen.

Das Aquarium wird zu zwei Dritteln mit Wasser befüllt. Dann erfolgt eine tropfenweise Zugabe von Phyto- und Zooplankton. Um die Wasserqualität zu erhalten, ist ein tägliches Absaugen des Aquarienbodens und ein teilweiser Wasserwechsel durchzuführen. Das ergänzte Wasser muß Altwasser sein und darf nur tropfenweise zugegeben werden, um kurzfristige, abrupte Veränderungen in der physiko-chemischen Beschaffenheit des Hälterungswassers gänzlich zu vermeiden.

Leider kommt es immer wieder vor, daß Larven anfangs oder in einem späteren Entwicklungsstadium auf äußere Störungen (Absaugen der Bodenscheibe) empfindlich reagieren und in der Folge sterben können. Deshalb habe ich nach einem Weg gesucht, um das Wasser trotzdem reinigen zu können. Einhergehend mit einer kontinuierlichen Altwasserentsorgung und gleichzeitiger „Frischwasserzufuhr".

Ein Teil des Aquariums wird mit einem feinen Planktonnetz abgetrennt. Das Planktonnetz wird zu diesem Zweck auf einen in Breite und Höhe dem Aquarium entsprechenden Hart-PVC-Rahmen geklebt, der wiederum in das Behältnis eingeklebt ist. Absolut dicht, damit kein Spalt mehr übrig ist, durch den die eine oder andere Larve gezogen werden könnte. In dem abgetrennten Teil wird ein Eiweißabschäumer installiert, dessen Auslaufrohr in jenen Teil führt, in dem sich die Larven tummeln. Somit werden die Larven mit Sauerstoff und Strömung versorgt. Bei dieser Variante entfällt der Lüfterstein. Eine Pumpe hingegen wird mit einem Filterkorb versehen, der mit Aktivkohle gefüllt ist. Der Pumpenauslauf ist zweigeteilt. Eine kleine Menge des über Aktivkohle gefilterten Wassers gelangt in das entgegengesetzte Ende des Aufzuchtbeckens, dorthin, wo sich die Larven befinden. Der überwiegende Teil des austretenden Wassers verbleibt allerdings in der Filterkammer und sorgt dort für eine ausreichende Oberflächenbewegung und Sauerstoffanreicherung. So wird das gesamte Aufzuchtwasser mit ausreichend Sauerstoff versorgt. Dies ist äußerst wichtig, da die Larven sauerstoffreiches Wasser benötigen.

Der Heizstab kann hingegen im Aufzuchtaquarium montiert werden. Eine perforierte Ummantelung des Heizstabs schützt die Larven vor einer möglichen Berührung.
Dieses Grundprinzip läßt sich jetzt um den angesprochenen Wasserwechsel dahingehend erweitern, daß das austretende Wasser nicht ins Zuchtabteil geleitet wird, sondern in ein großes, mit Algen oder Blumentieren besetztes Behältnis, das ebenfalls mit der nötigen technischen Ausrüstung versehen ist. Aus diesem Aquarium strömt nun jene Menge an Wasser in das Aufzuchtaquarium zurück, welche zuvor über die Pumpe eingeleitet wurde. Voraussetzung: Beide Behältnisse stehen auf gleicher Höhe und sind miteinander verbunden (siehe auch Skizze).

Hier ist eine Möglichkeit gezeigt, wie sich ein Aufzuchtsystem für Wirbellose und Fische realisieren läßt. Diese Anlage gehört Hermann WASSINK aus Holland.
Foto: Robert Brons

Auf diese Weise lassen sich Wasserwechsel vornehmen, ohne daß die Larven gestört werden.
Ein Prinzip, das sich bei mir inzwischen als zufriedenstellend erwiesen hat. Das zusätzliche Aquarium kann beispielsweise als weiteres Aufzuchtbecken für Ableger von Wirbellosen genutzt werden.

Licht - unverzichtbar für die asexuelle Vermehrung von sessilen Blumentieren

Ganz anders konzipiert werden müssen Aquarien, die der Kultivierung von Ablegern - hergestellt aus Fragmenten von Blumentieren - dienen.
Sie ähneln den Schauaquarien. So ist ein Mindestmaß an Strömung ebenso erforderlich, wie ein Eiweißabschäumer. Bei Monokulturen (es werden nur die Ableger einer Gattung in einem Aquarium kultiviert) kann die Aktivkohlefilterung vernachlässigt werden. Sind aber viele verschiedene Ableger-Arten in einem Aufzuchtaquarium angesiedelt, dann muß mit Aktivkohle gearbeitet werden. Die Aktivkohle dient der Entgiftung oder vielmehr der Beseitigung eines Großteils jener organischen Substanzen die unter den Schlagworten Nesselgifte und Abwehrexkrete der Blumentiere bekannt sind. Sie können für andere Arten oder Gattungen wachstumshemmend wirken. Über die Aktivkohlefilterung werden diese Substanzen teilweise entfernt.
Die wichtigste Installation ist die Beleuchtung. Im Buch: „Ihr Hobby - Blumentiere für das Meerwasseraquarium" wurde ausführlich die Bedeutung und Funktion der Beleuchtung abgehandelt, so daß hier nicht nochmals in aller Ausführlichkeit darauf eingegangen werden muß. Wer es sich finanziell leisten kann, der sollte das Aquarium mit einem HQI-Strahler mit hoher Wattzahl beleuchten.
Da in dem Ableger-Aufzuchtbecken ausschließlich Blumentiere gezüchtet werden, wachsen die kleinen Blumentiere unter HQI-Beleuchtung schnell zu stattlichen Kolonien heran, die dann weitergegeben oder ins eigene Schauaquarium gesetzt werden können.
Aquarien für die Ablegeraufzucht sind meist recht klein. So reicht in aller Regel der Einsatz von Leuchtstoffröhren geeigneter Lichtfarbe als Leuchtquelle aus. Generell kann als Faustregel gelten: Mit einem Watt pro Liter Aquarienwasser lassen sich hervorragende Wachstumserfolge erzielen. Mindestens müssen 0,5 Watt pro Liter Aquarienwasser eingesetzt werden, damit noch eine Größenzunahme (das heißt, erkennbares Wachstum) der Blumentier-Ableger beobachtet werden kann.
Wichtige Wasserparameter bei der Vermehrung

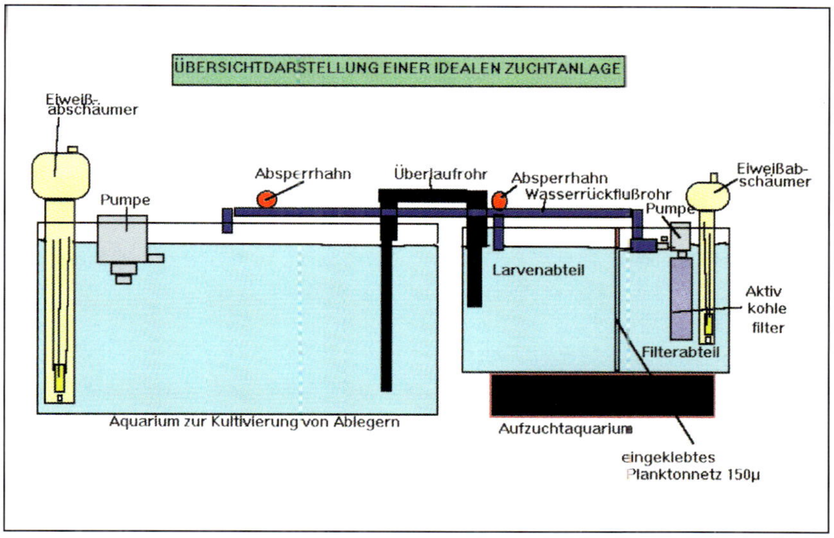

Schematische Darstellung des auf Seite 16 beschriebenen Aufzuchtaquariums.

sessiler Niederer Tiere mittels Ableger sind Nitrat und Phosphat. Beide Substanzen müssen in sehr geringen Konzentrationen vorliegen, weil sonst eine Wachstumsinhibierung durch diese beiden Substanzen nicht ausgeschlossen werden kann.
Neben einem regelmäßigen Wasserwechsel müssen auch Spurenelemente ergänzt werden, da diese vielfach nicht durch die Frischwasserergänzung in ausreichender Menge zudosiert werden. Kurzum, das Aufzuchtaquarium wird gleich einem Schauaquarium behandelt.
Wer es einfacher haben möchte, der kann auf ein Aufzuchtaquarium gänzlich verzichten und die erhaltenen Ableger direkt im Schauaquarium kultivieren. Dies ist vor allen Dingen dann sinnvoll, wenn noch viel Platz auf der Dekoration zur Verfügung steht. Es sei aber darauf hingewiesen, daß die Wachstumsraten meist erheblich niedriger sind, als in einem speziellen Aufzuchtaquarium. Außerdem kommt es nicht selten vor, daß durch die wesentlich stärkere Strömung die Ableger hin und wieder über Nacht wegtransportiert werden und auf nimmer Wiedersehen hinter der Dekoration verschwinden. Hier verenden sie kurze Zeit später, wenn nicht ausreichend Licht zur Verfügung steht.
Das Schauaquarium kann mit Einschränkung auch als Zuchtaquarium genutzt werden, indem perforierte Kunststoffgefäße eingebracht werden, die an den Scheiben befestigt werden. In diese Behältnisse werden die Ableger eingesetzt und angezogen. Daß dies eine optische Störung des Gesamtbilds nach sich zieht, dürfte einleuchtend sein.
Ein großer Vorteil eines separaten Ablegeraufzuchtaquariums liegt auch darin, daß es durch weitere Aquarien erweiterbar ist. Weitere Aquarien werden in den Kreislauf des ersten geschaltet und können somit vom Eiweißabschäumer und Aktivkohlefilter mitversorgt werden. Je nach Wasserdurchfluß kann sogar auf eine weitere Strömungspumpe verzichtet werden. Unverzichtbar allerdings ist die Installation einer neuen Lichtquelle.
Welche Siedlungssubstrate am geeignetsten sind und welche Befestigungsmöglichkeiten sich bei den Ablegern bewährt haben, wird bei der vegetativen Vermehrung im Einzelnen erörtert.
Nochmals zusammengefaßt ist darauf hinzuweisen, daß die Aufzucht von Larven um ein vielfaches kostspieliger und aufwendiger ist, als die Kultivierung von Blumentierfragmenten. Kommen bei den Larven die Beschaffung der verschiedenen Planktonarten und das Aufzuchtaquarium hinzu, dann lassen sich die Ableger bereits im Schauaquarium kultivieren.

Zu diesem Kapitel verwendete Literatur:
Brons, R. 1997, 1998; Dürbaum, J. & Reis, M. 1998; Frische, J., 1992, 1997; Lange, J. & Kaiser, R., 1988, 1989; Lutz, A., 1993; Spies, G., 1984

Die Paarbildung von Korallenfischen im Riffaquarium

In diesem und den nächsten Kapiteln soll nun den Fischen unsere ganze Aufmerksamkeit gewidmet werden.
Es wurde bereits erwähnt, daß es unter den Bedingungen der heutigen Riffaquaristik einfacher geworden ist, viele Korallenfische artgerecht zu pflegen. Die Problematik der Geschlechtsunterscheidung wird uns jedoch erhalten bleiben. Dies ist zugegebener Maßen eine der schwierigsten Hürden, die es zunächst zu bewältigen gilt. Denn nur die Zusammenführung zweier Geschlechter - von einigen Simultanhermaphroditen einmal abgesehen - ermöglicht die Produktion befruchteter Eier und Larven für die nächste Generation.
Um bei einer Fischart den richtigen Weg der Paarbildung zu beschreiten, ist es zunächst wesentlich zu erfahren, wie sich dieser in der Natur verhält. Wir müssen sein soziales Gefüge kennen. Wir müssen uns mit seinem Verhalten beschäftigen! Verhalten beinhaltet Aktivitäten und Prozesse die objektiv beurteilt werden können. Es können jedoch jederzeit Veränderungen des Verhaltens ausgelöst werden, indem bewußt oder unbewußt Bedingungen geändert werden, wie zum Beispiel Veränderung der Umwelt in der das Verhalten stattfindet. Jeder Organismus steht in Wechselbeziehung zu seiner Umwelt, das heißt, er ist abhängig von dieser Umwelt, von sogenannten

- abiotischen Faktoren wie beispielweise Licht, Temperatur, Dichte...
- biotische Faktoren wie beispielweise Artgenossen, Organismen anderer Art...

Darüber hinaus beeinflußt der Organismus selbst die Umwelt.
Beispiel: Umgestaltung von Meeresgebieten durch das fortwährende Wachstum von Korallenriffen.
Das Zusammenleben einzelner Fischarten variiert sehr und kann selbst zwischen juvenilen und adulten Lebensstadien unterschiedlich sein. Deshalb zunächst die Erklärung der wesentlichen verschiedenen sozialen Kombinationen, die es bei den Korallenfischen geben kann.

a) Schwarm- und Gruppenbildung

Ein derartiger Zusammenschluß findet sich bei Individuen die sich aufgrund ökologischer Faktoren zusammenschließen. Dies können einfache, zeitbegrenzte Bindungen sein, wie beispielsweise Überwinterungs-, Schlaf-, oder Fortpflanzungsgesellschaften. Es kann aber auch zu andauernden Herden- oder Schwarmbildungen kommen.
Viele Individuen einer Art schließen sich zu Schutzverbänden zusammen, um so dem einzelnen Individuum innerhalb dieser Gemeinschaft eine größere Überlebenschance gegenüber Freßfeinden zu verschaffen. Meist sind Schwärme aus vielen hunderten oder gar tausenden Einzelindividuen zusammengesetzt. Ein hierzu typisches Beispiel sind die Fahnenbarsche des Roten Meeres. Ihre Populationsdichte kann dabei so hoch sein, daß diesen Fischen nachgesagt wird, daß sie das Wasser rötlich färben und daher der Name „Rotes Meer“ stammt - eine Legende. Die eigentliche Namensgebung des Roten Meeres rührt von den rotfarbenen Bergen her, deren Reflexionen unter bestimmten Licht- und Witterungsverhältnissen den roten Schein des Meeres verursachen.
Fische - die in Schwärmen zusammen leben - zeigen untereinander die höchste Stufe der Aggression. Sie regelt das Zusammenleben miteinander und verhindert individuelles Verhalten, welches eine synchrone Bewegung der Schwärme verhindern würde. Innerhalb eines Schwarms leben Männchen und Weibchen willkürlich zusammen. Dennoch ist Balzverhalten eine wichtige Funktion, die auch im Schwarm stattfindet. Denn nur die Männchen, die sich am besten gegenüber dem weiblichen Artgenossen in Positur bringen, erhalten die Chance zur Fortpflanzung.
Die Arten der Familie Acanthuridae bilden in vielerlei Hinsicht eine Sonderstellung. Gern wird von Schwärmen gesprochen wenn Doktorfische in einer hohen Individuenzahl die Riffkanten überqueren. Ihr Laichverhalten ist hingegen - je nach Art - sehr unterschiedlich. Über die Art und Weise des Fortpflanzungsverhaltens der Doktorfische gibt es kaum verwertbare Informationen. Bei einigen Arten wurde beispielsweise festgestellt, daß sich laichwillige Paare von der Gruppe absondern. Erstaunlich ist, daß viele Doktorfische innerart-

lich im Aquarium gegeneinander aggressiv werden, und dieses Verhalten auch auf ähnlich gefärbte und geformte Fische anderer Gattungen ausdehnen. Die Aggressivität mag sich aus dem Platzmangel im Aquarium erklären.
Im natürlichen Lebensraum leben viele Doktorfischarten paarweise und zeitweise sogar solitär. Sie rotten sich nur während der Paarung oder zu bestimmten Jahreszeiten zusammen, um dann als Paar, Gruppe oder sogar als Schwarm die Riffe zu durchstreifen. Interessant ist die Beobachtung, daß - ebenfalls für Schwarmfische untypisch - innerhalb der Gruppe zu den einzelnen Mitgliedern ein Sicherheitsabstand eingehalten wird. Überschreitet der Nachbar die Grenze, dann kommt es zu Verteidigungshandlungen, die am einfachsten daran zu erkennen sind, daß sich die beiden Rivalen um einander herumdrehen. Ist die Revierverletzung in der Natur in aller Regel mit diesem Verhalten abgeschlossen, folgen unter der räumlichen Enge des Aquariums weitere Aggressionshandlungen, die zum Kampf bzw. zum Tod des Schwächeren führen können.

b) Das Leben in einer Fischgesellschaft

Im Gegensatz zum Schwarm oder zur Gruppe findet sich bei dieser Konstellation der innerartlichen Fischgemeinschaft nur eine begrenzte Individuenanzahl zusammen. Da solche Fischgesellschaften vielfach standorttreu sind und nur abgegrenzte Bereiche durchstreifen, wäre ein Schwarm zu unübersichtlich.
Die Zusammensetzung einer Fischgesellschaft kann verschieden sein. So können Männchen und Weibchen im gleichen Verhältnis zusammenleben. In einer derart zusammengesetzten Fischgesellschaft bilden sich zu Beginn der Laichzeit Paare, die innerhalb der Gemeinschaft ablaichen. Die Aggressivität nimmt während dieser Zeit unter den eibewachenden Fischen stark zu und dies kann im Aquarium zu intensiven Attacken der rivalisierenden Paare führen. Die Fischgesellschaft löst sich in Paare auf.
Solche Auseinandersetzungen treten häufig bei Substratlaichern auf. Stellvertretend seien hier die Arten aus der Familie Pomacentridae genannt. Anders bei den Freilaichern. Hier hat sich bei vielen Fischgesellschaften eine besondere Zusammensetzung gebildet. Während Substratlaicher in aller Regel standorttreu sind, haben Fischgesellschaften aus Freilaichern Reviere, die am Tag regelmäßig abgeschwommen werden. Die Führung übernimmt dabei das stärkste und erfahrenste Gruppenmitglied - in aller Regel ein intensiv gefärbtes Männchen. Innerhalb einer solchen Fischgesellschaft finden sich weitere Männchen und Weibchen. Das dominierende Männchen wird als Sekundärmännchen bezeichnet, da es an der Spitze der Gruppe steht. Die ihm unterstellten Männchen bezeichnet der Wissenschaftler als Primärmännchen. Die zunächst etwas unlogisch

Viele Lippfische leben in einer Fischgesellschaft, die von einem dominierendem Männchen geführt wird. Nicht selten kommt es dabei vor, daß Männchen und Weibchen unterschiedlich gefärbt sind. Ein solches Beispiel ist *Macropharyngodon bipartitus*. Die hier gezeigte Farbgebung ist sowohl für Jungtiere wie auch für Weibchen typisch.

Häufig rotten sich Doktorfische während der Paarung oder zu bestimmten Jahreszeiten zu Gruppen oder großen Schwärmen zusammen. Eine jener Arten, bei denen dies häufiger zu beobachten ist, ist *Acanthurus leucosternon*.
Foto: M.-P. & C. Piednoir

erscheinende Benennung von Primär- und Sekundärmännchen leitet sich aus der Ethologie ab. Hier wird nicht die Hierarchie der Gruppenmitglieder zur Nennung von Primär und Sekundär herangezogen, sondern die Entwicklungsstufe. So entwickelt sich aus einem Primärmännchen oder einem Weibchen ein Sekundärmännchen, das dann die Fischgesellschaft übernimmt und fortan führt. Diese gleichgeschlechtlichen, jedoch in der Hierarchie unterschiedlich stehenden Artgenossen können beide fortpflanzungsfähig sein. Genauso kann es sich aber auch um noch junge, nicht geschlechtsreife Männchen handeln die in der Gemeinschaft geduldet werden. Den Primärmännchen vielfach gleich - manchmal sogar übergeordnet - sind die weiblichen, geschlechtsreifen Artgenossen. Gleichgestellt hingegen sind die jungen, noch nicht laichbereiten Weibchen. Häufig findet sich innerhalb der weiblichen Tiere ebenfalls eine Rangordnung.

Der Geschlechtswechsel

Eine der ersten marinen Fischgruppen, bei denen ein Geschlechtswechsel festgestellt wurde, waren

Amphiprion und *Premnas*. Bei den Anemonenfischen ist es so, daß das stärkste und größte Tier innerhalb kurzer Zeit weiblichen Geschlechts wird und fortan den männlichen, meist wesentlich kleineren Artgenossen unterdrückt. Der aus dieser Unterdrückung resultierende Streß sorgt dafür, daß die weiblichen Fortpflanzungsorgane degenerieren. Die männlichen hingegen werden funktionsfähig ausgebildet. Verschwindet das Weibchen, ist das Männchen wiederum in der Lage, sich binnen kürzester Zeit in einen Fisch mit funktionsfähigen weiblichen Fortpflanzungsorganen umzuwandeln. Außerdem beginnt eine rasche Zunahme der Körpergröße.

Bestimmt bei den Anemonenfischen die Umwandlung von Männchen zu Weibchen die Richtung des Geschlechtswechsels, so ist es bei den meisten marinen flossentragenden Riffbewohnern umgekehrt. Funktionsfähige Weibchen wandeln sich in fortpflanzungsfähige Männchen um.

Inzwischen gibt es bei der überwiegenden Zahl aller Korallenfische die der Ordnung Perciformes (Barschartige) angehören, die speziel auf diese Fähigkeit hin untersucht wurden, den wissenschaftlichen Nachweis des praktizierten Geschlechtswechsels. Häufig findet dieser Geschlechtswechsel jedoch nur in einem gewissen Stadium der Entwicklung vom juvenilen zum adulten, geschlechtsreifen Fisch statt.

Warum diese einzigartige Form der Geschlechtsumbildung?

In den Weiten der Meere und der unterschiedlichen Populationsdichte, die sich auf einen verhältnismäßig kleinen Raum beschränkt, ist es ein großes Wagnis, wenn mit dem Einsetzen der Geschlechtsreife erst ein geeigneter Partner gesucht werden muß. Diese aufwendige, Energie zehrende Suche würde durch Räuber erschwert werden, da der auf Partnersuche umherwandernde Fisch seinen Unterschlupf verlassen müßte. Deckungs- und schutzlose Fische aber sind eine leichte Beute.

Bei der Fähigkeit des Geschlechtswechsels ist es nicht maßgeblich, ob der künftige Artgenosse innerhalb einer standorttreuen Fischgesellschaft quasi nebenan wohnt, oder als Mitglied einer in ihrem Revier umherziehenden Gruppe lebt.

Wesentlich ist, daß zwei in ihrer Größe und Stärke unterschiedliche Artgenossen sich auf engem Raum finden, um dann durch Geschlechtsumwandlung ein Paar zu bilden.

Viele Jungfische sind deshalb das „schwache Geschlecht". Nur so ist es dem an die Riffe zurückkehrenden Nachwuchs möglich, sich in einem Revierabschnitt gegenüber adulten Artgenossen zu behaupten. Bei sehr territorial lebenden Arten kann die Abschwächung der Aggression durch ein unterschiedliches Farbkleid zwischen Jung und Alt zusätzlich unterstützt werden.

Eine der ersten Fischgattungen, bei der ein Geschlechtswechsel nachgewiesen werden konnte, war *Amphiprion*. Hier ein *Amphiprion frenatus*, bei dem zusätzlich noch phänotypische Geschlechtsmerkmale vorhanden sind. Der weibliche Körper ist fast schwarz gefärbt.
Foto: Prof. E. Thaler

Die Fähigkeit des Geschlechtswechsels können sich die Meerwasseraquarianer zu Nutze machen. Wir setzen dazu einfach einen kleineren und einen größeren Fisch gleicher Art (die Art muß natürlich des Geschlechtswechsels fähig sein) ins Aquarium ein. Es dauert nicht lange, und das Paar ist

Viele Schleimfische sind untereinander aggressiv - auch dann, wenn es sich um unterschiedliche Geschlechter handelt. Ein Beispiel dafür ist *Salarias fasciatus*. Foto: Prof. E. Thaler

gebildet - jedenfalls in der überwiegenden Zahl aller Fälle.

Bei einigen Arten - beispielsweise einer Reihe von Anemonenfischen konnte festgestellt werden, daß der Geschlechtswechsel reversibel ist. Das heißt, es kann ein Wechsel in das ursprüngliche Geschlecht stattfinden. Dies heißt, daß sich Männchen in Weibchen umwandeln und bei Auftreten eines stärkeren Artgenossen - wieder zurück entwicklen können. Eine Fähigkeit, die nicht allen „Geschlechtswechslern" eigen ist.

Das Phänomen, daß der Geschlechtswechsel bei vielen Korallenfischarten aus der Ordnung Perciformes nur in einer gewissen Phase der Jugend durchführbar ist, ist eine weitere Ursache, weshalb die erfolgreiche Paarbildung bei Geschlechtswechslern im Aquarium nicht immer zum gewünschten Resultat führt. Da im weiteren Verlauf des Buchs immer wieder verschiedene Begriffe zum Thema des Geschlechtswechsels auftauchen, möchte ich an dieser Stelle die verwendeten Begriffe kurz erklären:

Hermaphrodit - Zwitterwesen, das sowohl Männchen als auch Weibchen werden kann.
Simultan-Hermaphrodit - Gleichzeitig beide Geschlechter funktionsfähig vorhanden.
Protogyner Hermaphrodit - Wird der Geschlechtswechsel von Weibchen zu Männchen genannt.
Proterandrischer Hermaphrodit - Wird der Geschlechtswechsel von Männchen zu Weibchen genannt.

c) Das Leben als Paar

Neben dem Leben in einem Schwarm oder einer Fischgesellschaft kommt es im Riff häufig vor, daß sich mit dem Erreichen der Geschlechtsreife ein Paar bildet. Paare können monogam bis zum Verlust des Partners miteinander harmonieren oder aber nur während der Zeit der Fortpflanzung eine Beziehung eingehen.

Eine Reihe von Grundeln und Falterfischen führen Dauerehen. Um den Partner im Gewimmel des Korallenriffs zu finden, geht eine Theorie dahin, daß die plakative Färbung der Fische der Geschlechterfindung dient. Dies ist sicherlich teilweise richtig, doch können manchmal grellgezeichnete, farbenprächtige Falterfische beobachtet werden, deren Paar sich aus zwei verschiedenen Artgenossen zusammensetzt.

Warum ein solcher Zusammenschluß? Ist ein Irrtum durch die verschiedenartige Musterung und Färbung nicht unmöglich?

Bei der Vergesellschaftung mehrerer Doktorfische einer Art im Aquarium, löst das Einsetzen der Fische meist aggressive Handlungen aus. Diese sind jedoch nur von kurzer Dauer und werden im Allgemeinen ohne ernsthafte Verletzungen beendet.
Foto: Prof. E. Thaler

Ein solcher Zusammenschluß wird häufig in Gebieten beobachtet, in denen nicht genügend andersgeschlechtliche Artgenossen zur Verfügung stehen. Denn neben der Aufgabe der Fortpflanzung erfüllt das Leben als Paar noch eine weitere wichtige Funktion. Während der eine Partner frißt, hält der andere Wache und warnt frühzeitig vor Freßfeinden. Fehlt der Partner, dann muß ein Gattungsgenosse her, damit ein Überleben gesichert ist (mündliche Mitteilung Frau Prof. E. THALER).

Warum die Vergesellschaftung von zwei kleinen noch nicht geschlechtsreifen Korallenfischen im Aquarium nicht immer erfolgreich ist, mag daran liegen, daß die Fische lange gehungert haben. Nahrungsmangel im Aquarium führt dazu, daß das schwächere Tier (was nicht immer gleichbedeutend mit dem kleineren sein muß) von dem kräftigeren solange gejagt wird, bis dieses außer Sichtweite schwimmt. Während sich der eine Fisch „den Bauch vollschlägt", verhungert der andere. THALER ist diesem Problem damit entgegengetreten, daß sie den schwächeren Fisch zunächst isoliert. Erst wenn beide Exemplare gut im Futter stehen erfolgt das Zusammenführen. Daß auch dies nicht immer erfolgreich ist, bedingt die Dauer der Trennung, sprich wie viel Zeit den beiden Artgenossen zur Verfügung steht, um ihr Geschlecht zu ändern - sofern noch ein Geschlechtswechsel vollzogen wird. Letztendlich wird die Paarbildung im Aquarium immer ein Restrisiko beinhalten.

Wer von der Annahme ausgeht, daß bei paarbildenden Fischen die Geschlechter farblich leicht zu unterscheiden sind, befindet sich leider in einem Irrtum.

Die Fähigkeit des Geschlechtswechsels konnte bislang nicht bei allen Korallenfischen nachgewiesen werden. Desweiteren müssen Verhalten und chemische Reize (Pheromone) die Paarbildung beeinflussen. Komponenten, auf die der Meerwasseraquarianer prinzipiell keinen Einfluß hat. Beispielsweise konnte Prof. THALER bei dem Pinzettfisch *Chelmon rostratus* beobachten, daß sich bei Annäherung zweier unterschiedlicher Geschlechter der schwarze Augenfleck des männlichen Exemplars für den Bruchteil einer Sekunde fast völlig weiß verfärbt. Eine Beobachtung, die zwar bestätigt, daß Männchen und Weibchen gepflegt werden - Trotzdem bekämpfen sich beide Pinzettfische. Warum? - Eine Frage die bis heute nicht beantwortet werden kann.

d) Die solitäre Lebensform

Das Leben als Einzeltier ist bei stark revierbildenden Fischen zu beobachten. Nur während der Paarung finden sich die unterschiedlichen Geschlechter zusammen, um gemeinsam abzulaichen. Danach geht jeder wieder seinen eigenen Weg. Solche Fische sind zur Fortpflanzung im Aquarium denkbar ungeeignet, weshalb sie hier nicht weiter beschrieben werden.

Die soziale Lebensweise und die Fähigkeit des Geschlechtswechsels sind zwei Kriterien, die dem Aquarianer die Möglichkeit geben, geeignete Paare zusammenzustellen. Vielfach ist eine weitere Geschlechtsspezifizierung eben auch nicht mehr möglich.

Bei einer Reihe von Arten lassen sich die Geschlechter durch unterschiedliche phänotypische Merkmale charakterisieren.

Dies kann die Form, die Farbe, die Flossenlänge, eine unterschiedliche Musterung oder die Gestaltung der Geschlechtspapille sein. Die Größe ist ein Kriterium, das bei ausgewachsenen Exemplaren von Bedeutung ist, für uns Aquarianer aber in aller Regel keine Aussagekraft hat.

In der folgenden Aufzählung aller für die Riffaquaristik relevanten Fischfamilien (basierend auf dem Buch „Handbuch Meeresaquaristik" bzw. „Ihr Hobby Fische für das Riffaquarium"; in beiden Büchern wurde die Pflege im Aquarium abgehandelt) werden alle Möglichkeiten der Paarbildung aufgeführt, die durchführbar sind.

Die Familie Acanthuridae

Die Vergesellschaftung mehrerer Individuen einer Art im Aquarium ist bei der Gattung *Acanthurus* nur dann möglich, wenn zwei oder mehr Exemplare zum gleichen Zeitpunkt eingesetzt werden. Die Größe sollte unterschiedlich sein und das Aquarium ausreichend groß. Trotzdem ist kein Erfolg garantiert, da es vorkommen kann, daß Acanthuriden mit dem Erreichen der Geschlechtsreife den schwächeren gleichgeschlechtlichen Artgenossen zu Tode hetzen. Dazu zählen beispielsweise *Acanthurus leucosternon* und *Acanthurus lineatus*. *Acanthurus olivaceus* oder der eng verwandte *Acanthurus tennenti* hingegen, lassen sie sich problemlos zu mehreren vergesellschaften. Bei *Acanthurus pyrofeus* und *Acanthurus caeruleus* kann man sich zur Haltung mehrerer Exemplare einer Art, die unterschiedliche Färbung der Jungtiere zu den Alttieren zu Nutze machen. Kleine *Acanthurus pyrofeus* imitieren in ihrer Zeichnung *Centropyge flavissimus*, *Centropyge eibli* oder *Centropyge vroliki*. Jungtiere von *Acanthurus caeruleus* können blau oder gelb gefärbt sein. Die gleiche Körperform löst bei beiden Arten keine aggressiven Handlungen aus. Legen die Fische irgendwann ihr Alterskleid an, bleiben die feindseligen Attacken - bedingt durch die langsam stattfindende Ausfärbung und das Sichkennen - seitens der adulten Artgenossen aus. Außerdem ist anzu-

Eine weiterer Umstand, der eine Vergesellschaftung mehrerer Doktorfische ermöglicht, ist dann gegeben, wenn Jung- und Altfische unterschiedliche Färbungen aufweisen, wie bei *Ctenochaetus hawaiiensis*. Die Adultfärbung dieser Art ist nicht mehr ganz so ansprechend.

nehmen, daß ein Geschlechtswechsel seitens des Jungtiers in das „passende" Geschlecht vollzogen wurde.
Ebenfalls in höherer Individuenzahl lassen sich viele Arten der Gattung *Zebrasoma* pflegen, wenn das genannte Kriterium der Größenunterschiede berücksichtigt wird. Vor allen Dingen *Zebrasoma flavescens*, *Zebrasoma scopas* und *Zebrasoma xanthurum* können in einer kleinen Gruppe im Riffaquarium vergesellschaftet werden.
Dies trifft nicht minder auf die Arten der Gattung *Ctenochaetus* zu.
Äußere erkennbare Geschlechtsmerkmale sind bei den jungen, geschlechtsreifen Doktorfischen aller Arten nicht vorhanden. Es gibt lediglich Unterschiede in der Morphologie und der Größe - jedoch nur bei geschlechtsreifen, ausgewachsenen Exemplaren. Vor allem in der Gattung *Naso* können die Ausprägungen von Auswüchsen auf der Stirn ein Unterscheidungsmerkmal sein. Hierzu zählen *Naso brachycentron* und *Naso unicornis* (TRESHER 1984). Die Länge der Filamente, die an den Enden der Schwanzflosse ausgebildet sind, können einen Geschlechtsunterschied darstellen - aber eben nur bei Alttieren. Der angesprochene Größenunterschied ist kein alleiniges Charakteristikum der Männchen. So sind bei *Acanthurus leucosternon* und *Zebrasoma veliferum* die Weibchen größer (TRESHER 1984). Beispielhaft seien *Zebrasoma scopas* oder *Ctenochaetus strigosus* genannt, bei denen nachweislich die Männchen größer werden (TRESHER 1984). Daß während der Balz Farbunterschiede auftreten, wurde vielfach berichtet, doch nützen diese Informationen einem Aquarianer nichts. Bislang ist der Zeitraum, in dem die Doktorfische die Fähigkeit des Geschlechtswechsels besitzen, unbekannt.
Solange nicht der wissenschaftliche, histologische oder verhaltensbedingte Beweis erbracht wurde, in welchem Alter Acanthuriden den Geschlechtswechsel betreiben können, ist es spekulativ, anzunehmen, daß aus der Pflege von zwei oder mehr Exemplaren einer Art aus der Familie der Doktorfische ein Pärchen resultiert.

Zur Familie Acanthuridae verwendete Literatur:
BAENSCH, H. A. & DEBELIUS, H. 1992; FRISCHE, J. 1995, 1996; LUTY, A. 1996; TRESHER, R. E. 1984

Die Familie Apogonidae

In dieser Familie finden wir sehr viele Arten, die sich zu einer Gruppe zusammenrotten. Es stellt kein Problem dar, mehrere Exemplare einer Art in einem Aquarium zu vergesellschaften. Dies trifft in überwiegender Zahl auch für den bekanntesten Vertreter dieser Familie, *Pterapogon kauderni*, zu. Zu kleine Aquarien können bei einigen Arten Aggressionshandlungen auslösen und das schwächste Gruppenmitglied kann dabei getötet werden. Eine Beobachtung, die bei *Pterapogon kauderni* bereits des Öfteren gemacht wurde.
Phänotypische Geschlechtsunterschiede sind lediglich bei der Art *Apogon trimaculatus* beschrieben (TRESHER 1984). Während die männlichen Tiere einen dunklen Fleck im unteren Bereich der zweiten Rückenflosse zeigen, fehlt den Weibchen und jungen Männchen dieser Farbklecks.
Ellen THALER konnte bei *Pterapogon kauderni* einen eindeutigen Unterschied in der Geschlechtspapille feststellen, der mit dem bloßen Auge bei geschlechtsreifen Fischen gut sichtbar ist.

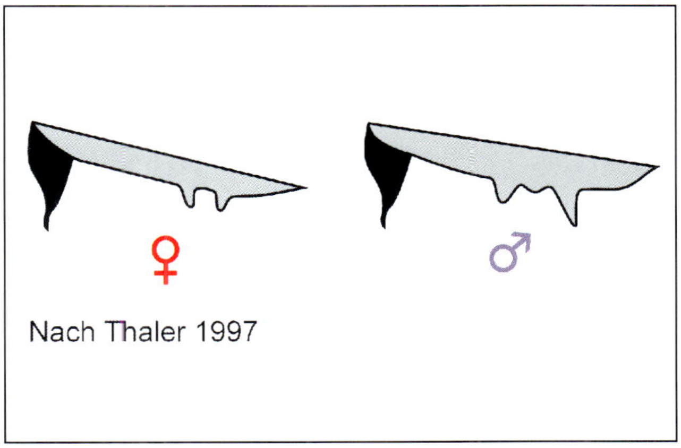

Optisch einfach an der Form der Geschlechtspapille zu unterscheiden, sind geschlechtsreife Tiere des Banggai-Kardinalbarschs *Pterapogon kauderni*.

Die Zeichnung verdeutlicht die Unterschiede. Es ist anzunehmen, daß dieses äußerliche Merkmal auch auf andere Kardinalbarsche übertragen werden kann.

Eine weitere Annahme, die Prof. THALER vertritt und deren Meinung ich mich anschließen möchte, ist die des Geschlechtswechsels vieler Apogoniden bis zu einem gewissen Alter. Für die Praxis heißt dies konkret, daß zwei juvenile Individuen ausreichen, um ein Paar zu bilden, vorausgesetzt sie sind unterschiedlicher Größe.

Zur Familie Apogonidae verwendete Literatur:
ALLEN, G. R. 1996; DÜRBAUM, J. 1997; FRISCHE, J. 1996; GROBE, J. 1996; THALER, E. 1996; TRESHER, R. E. 1984

Die Familie Blenniidae

Innerhalb dieser Familie unterscheiden sich zwei Lebensweisen. Die Einen, die das Freiwasser bevorzugen; die Anderen, die den Bodengrund als Aufenthaltsort ausgewählt haben. Leben viele der friedlichen, freischwimmenden Arten in losen Gruppen zusammen, so bilden die bodenbewohnenden Schleimfische Reviere, was ihre Vergesellschaftung im Aquarium nicht vereinfacht. Bei der Aggression gegenüber Artgenossen kann es schnell zu innerartlichen Auseinandersetzungen kommen, die bei Ermangelung an Verstecken zum Tode des Unterlegenen führen können. Die Aggressivität ist nicht auf eine Art begrenzt, sondern kann sich auf die bodenbewohnenden Verwandten ausdehnen.

Die freischwimmenden Arten, zu denen die Arten der Gattung *Meiacanthus* zählen, können problemlos zu mehreren gepflegt werden - jedenfalls in den meisten Fällen. *Meiacanthus grammistes* und *Meiacanthus smithii* bilden durch ihr extrem territoriales Verhalten eine Ausnahme.

Ein Geschlechtsmerkmal bei den bodenbewohnenden Blenniiden ist die maximale Länge, die jedoch nur für adulte Exemplare relevant ist. Die Männchen werden größer als ihre weiblichen Artgenossen. Bei vielen Arten ist die ausgezogene Schwanzflosse ein Merkmal, das die Männchen tragen, jedoch den Weibchen fehlt. Leider sind diese Filamente recht zerbrechlich, was beim Transport schnell zu deren Verlust führen kann. So wird ein mutmaßliches Weibchen plötzlich zum Männchen. Solche Irrtümer können bei der Gattung *Ecsenius* zum Verlust des Schwächeren führen, sofern es sich um ein Männchen handelt. Die Verlängerungen wachsen im Laufe der Pflege wieder nach.

Ein weiteres Geschlechtsmerkmal - für die Männchen typisch - findet sich in der Analflosse. Hier wurden bei vielen Arten fleischige Einlagen oder Schwellungen in den Profilvorderkanten der Analflossen oder in den Strahlen der Rücken- und Analflossen der Männchen festgestellt.

Deutlich ausgeprägt, aber nicht runzelig, sind die Analeinlagen charakteristisch für die Gattung *Meiacanthus*. Die Schwellungen müssen nicht immer eindeutig zu sehen sein, und können sich auf die Laichzeit beschränken.

Um was es sich bei diesen fleischigen Einlagen handelt, ist noch nicht zufriedenstellend geklärt. Es könnte sich zum Beispiel um Drüsen handeln, die Lockstoffe (Pheromone) abgeben, die den Sexualpartner stimulieren (TRESHER 1984).

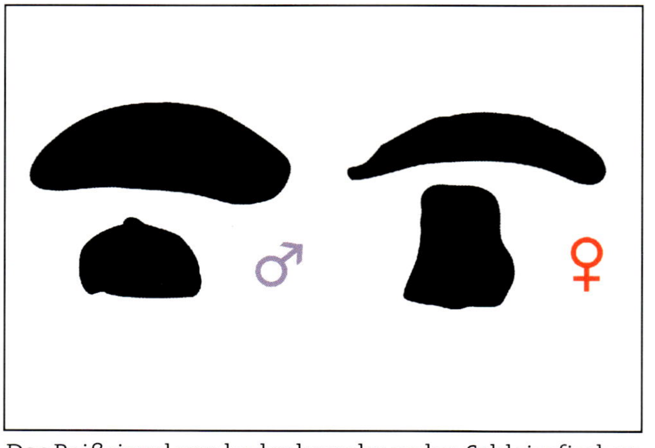

Das Beißsiegel von bodenbewohnenden Schleimfischen kann bei Männchen und Weibchen variieren. Dieser Gebißabdruck entsteht beim Raspeln auf Gestein oder auf der Glasscheibe, wenn sich auf dieser ein dünner Film aus Grünalgen gebildet hat.

Die Männchen von *Ecsenius bicolor* sind an der lang ausgezogenen Schwanzflosse zu identifizieren. Auch das Beißsiegel geschlechtsreifer, adulter Männchen ist typisch. Foto: R. Steene

Eine weitere Möglichkeit der Geschlechtsdifferenzierung ist das Beißsiegel einiger Arten. Bei den Weibchen ist die Oberlippe wesentlich dünner und die Unterlippe langgezogen. So kann dies bei *Ecsenius bicolor* (Wickler 1965) und bei *Atrosalarias fuscus* (Frische 1992) beobachtet werden. Es sei jedoch darauf hingewiesen, daß dieser Unterschied als allgemein gültiges Merkmal mit Einschränkung anzusehen ist. Einer der Gründe ist darin zu finden, daß dieses Merkmal bei adulten und geschlechtsreifen Fischen vorherrscht. Jungtiere sind so nicht immer ohne weiteres zu differenzieren.

Nach Thaler ist bei den Männchen von *Salarias fasciatus* der zweite und der dritte Strahl der Analflosse verlängert.

Bei den freischwimmenden Arten aus der Familie Blenniidae ist inzwischen anzunehmen - wenn auch noch nicht wissenschaftlich belegt -, daß hier die Möglichkeit des Geschlechtswechsels in Betracht kommt. Ebenfalls wahrscheinlich ist dies bei der Art *Atrosalarias fuscus* (nach Beobachtungen von Frische 1987-1992; Barchet 1996). In beiden Fällen gelang es zunächst durch das gleichzeitige Zusammensetzen von einem größeren und einem kleineren Tier zwei mehr oder minder harmonierende Exemplare zu vergesellschaften. Daß es sich in beiden Fällen um Pärchen handelte, wurde im weiteren Verlauf der Pflege durch die Laichaktivitäten bestätigt. Auch als das Weibchen zwei Jahre später aus dem Aquarium sprang, konnte das zurückgebliebene Tier durch das Nachsetzen eines kleinen Artgenossen wieder zu einem Paar ergänzt werden (Frische 1996). Purer Zufall oder System?

Zur Familie Blenniidae verwendete Literatur:
Frische, J. 1992, 1994, 1995, 1996; Springer, V. G. 1989; Tresher, R. E. 1984; Wickler, W. 1965

Die Familie Callionymidae

Von den Leierfischen ist bekannt, daß sie Gruppen bilden, in denen sich ein führendes Männchen befindet, dem sich mehrere Weibchen angeschlossen haben.

Männchen von *Salarias fasciatus* sind an den verlängerten zweiten und dritten Flossenstrahlen der Analflosse zu erkennen.

Nach meinen Erfahrungen kann in einem Riffaquarium ein Männchen mit einem oder mehreren Weibchen gepflegt werden. Eine Beobachtung, die nicht vorbehaltlos geteilt wird. THALER ist der Auffassung, daß bei der Vergesellschaftung mehrerer Weibchen nur das stärkste übrig bleibt. Leierfische neigen dazu, sich monogam zu verhalten. Eine Aussage, die auch im Widerspruch zur erstgenannten Beobachtung steht. Wer hat weitere Informationen zu diesem Thema, die mehr Aufschluß über die Lebensweise von Leierfischen geben?

In einem Aquarium bis 1500 Liter Wasserinhalt kann nur ein Männchen einer Art gesetzt werden, da artübergreifende Attacken gegen andere Männchen aus dieser Familie erfolgen. Gegen Weibchen anderer Leierfischarten sind keine Aggressionshandlungen zu beobachten. Ob dieses Verhalten auch in größeren Aquarien eintritt, entzieht sich meiner Kenntnis.

Bei *Synchiropus picturatus* ist der Rückenflossenstrahl nicht ganz so verlängert, aber trotzdem gut zu erkennen. Foto: Prof. E. Thaler

Bei gespreizter Rückenflosse ist es einfach, die Männchen zu erkennen. Hier *Pterosynchiropus splendidus*. Foto: Prof. E. Thaler

Bei *Neosynchiropus ocellatus* ist die Rückenflosse der Männchen (oben) fächerartig geformt, während die der Weibchen (Seite gegenüber, unten) nur klein ist. Foto: Robert Brons

Callionymus lyra gehört ebenfalls in die Familie Callionymidae. Auch dieses Bild untermauert noch einmal die Aussage, daß sich Männchen (hier abgebildet) und Weibchen aus dieser Familie an der unterschiedlich geformten Rückenflosse unterscheiden.
Foto: M.-P. & C. Piednoir

Bei dem Pinzettfisch *Chelmon rostratus* können die geschlechtsreifen Fische an der Form der Stirn und dem Neigungsgrad der Schnauze unterschieden werden.

Leierfische betreiben keine Geschlechtsumwandlung. Trotzdem ist es einfach, ein Pärchen im Aquarium zu pflegen.
Die Männchen aller Leierfische unterscheiden sich in der Rückenflosse. Entweder ist diese zu einem Fächer ausgebildet oder aber der erste Rückenflossenstrahl isr stark verlängert. Das Merkmal ist bei gespreizter Rückenflosse einfach zu erkennen. Ein Verhalten, welches das Tier bei der Flucht oder im Netz zeigt. Einfacher geht es nicht.

Zur Familie Callionymidae verwendete Literatur:
FRISCHE, J. 1992; STRATTON, R. F. 1993; TRESHER, R. E. 1984

Die Familie Chaetodontidae

Falterfische durchstreifen meist paarweise die Riffe. Die Gründe hierfür wurden bereits angesprochen. Einige wenige Arten - wie beispielsweise *Chaetodon semilarvatus* - leben in kleinen Gruppen zusammen, während die Gattung *Hemitaurichthys* oder *Heniochus* sogar in kleinen Schwärmen anzutreffen ist.
So ergibt die Vergesellschaftung der gruppenbildenden Falterfische keine Probleme. Anders ist dies bei jenen Schmetterlingsfischen, die ein paarweises Zusammenleben bevorzugen. Um hier den gewünschten Erfolg der Pflege zweier artgleicher Chaetodonten zu erzielen, ist es wichtig, daß unterschiedliche Körpergrößen vorhanden sind. Außerdem müssen die Fische in einem guten Vitalzustand sein. Dies ist deshalb wichtig, damit nicht, aus Angst vor Futterkonkurrenz, der schwächere Artgenosse zu Tode gehetzt wird. Folglich sind nur jene Gaukler von Interesse, die sich recht schnell an Ersatznahrung gewöhnen lassen.
Daß das Aquarium eine Mindestanforderung in den Ausmaßen haben muß und zudem reichlich Versteckmöglichkeiten bietet, versteht sich fast von selbst. Über geschlechtliche Unterschiede phänotypischer Art gibt es bislang keine Hinweise.
Aquarienbeobachtungen unterstützen die Theorie, daß vielleicht bei der einen oder anderen Art - beispielsweise *Chaetodon ephippium* - ein Geschlechtswechsel im Laufe der aquaristischen Pflege erfolgt sein könnte (FRISCHE 1988). Einige wissenschaftliche Beobachtungen unterstützen diese Theorie. Dabei beziehen sich die Untersuchungen auf Arten, die zu dritt leben. Die Konstellation eines Dreiergespanns setzt sich aus einem adulten Paar und einem subadulten Falterfisch zusammen. Der juvenile Schmetterlingsfisch zeigt - ähnlich den Anemonenfischen - eine Ambisexualität (eine Art Zweigeschlechtlichkeit). Das Geschlecht wird folglich erst mit der Paarbildung fixiert. Diese Festlegung erfolgt beim juvenilen, spätestens aber beim semiadulten Schmetterlingsfisch, da bei adulten die Zweigeschlechtlichkeit nicht mehr nachweisbar ist (TRESHER 1984). Um diese Annahmen zu beweisen, müssen weitere histologische Untersuchungen vorgenommen werden. Die Familie Chaetodontidae gibt uns bezüglich ihrer Verpaarung noch viele Rätsel auf, die zu einem großen Teil nur durch Langzeitbeobachtungen im Aquarium gelöst werden können.

Zur Familie Chaetodontidae verwendete Literatur:
ALLEN, G. R. 1979; CHLUPATY, P. 1991; FRISCHE, J. 1995; FRISCHE, J. & LISSNER, C. 1990; LISSNER, C. & FRISCHE, J. 1986; STEENE, R. C. 1977; TRESHER, R. E. 1984

Die Familie Cirrhitidae

Die artgleiche Vergesellschaftung der meisten interessanten Büschelbarsche ist einfach zu verwirklichen. Gleich in der Natur sollten zwei, besser drei oder vier unterschiedlich große Falkenbarsche gleichzeitig in das künstlich geschaffenen Biotop eingesetzt werden.
Bilden die Korallenwächter in ihrem natürlichen Lebensraum Gruppen, die sich aus einem Männchen und mehreren Weibchen zusammensetzen, sollte man diesen Belangen auch im Aquarium folgen. Der Vergleich mit einem Harem ist in diesem Fall sicherlich angebracht.
Farbliche Unterscheidungsmerkmale sind ledig-

lich bei *Oxycirrhites typus* beschrieben. So haben die kleineren, im Erregungszustand befindlichen Männchen einen dunkelroten blaßfarbenen Kiefer und einen schwarzen Saum um After- und Brustflossen, der den Weibchen fehlt (TRESHER 1984). Die Geschlechter von *Cirrhitichthys oxycephalus* unterscheiden sich hingegen durch einen ausgezogenen Rückenflossenstrahl bei den männlichen Fischen (FRISCHE 1992). Ansonsten gibt es keine weitere Art aus dieser Familie, bei der phänotypische Unterschiede der Geschlechter auffallend wären.

Lediglich bei *Oxycirrhites typus* wurden Geschlechtsmerkmale beschrieben, die allerdings Ellen THALER nicht bestätigen konnte. Foto: Prof. E. Thaler

Durch die Zusammensetzung der Gruppe liegt die Vermutung nahe, daß Korallenwächter zu einem kontrollierten Geschlechtswechsel fähig sind. Einfach durch die Tatsache bedingt, daß in jeder Gruppe nur ein männliches Exemplar gefunden wird. Die soziale Komponente steuert das Geschlechterverhältnis. Folglich hat es der Aquarianer einfach, drei junge Büschelbarsche, und die Paarbildung vollzieht sich ohne weiteres zutun. Neueste Untersuchungen belegen sogar, daß es sich bei einer ganzen Reihe von Korallenwächtern um Simultanhermaphroditen (Mitteilung E. THALER) handelt. Eine erstaunliche Eigenschaft, über die Prof. WIRTZ ebenfalls bei einem Lippfisch berichtet hat.

Zur Familie Cirrhitidae verwendete Literatur:

ESTERBAUER, H. 1996; FRISCHE, J. 1992, 1993; HAGEL, A. 1997; ROHLEDER, P.-G. 1988; STRATON, R. F. 1991; TRESHER, R. E. 1984; ZOFFER, D. J. 1994

Bei einigen Grundeln lassen sich die Geschlechter an der Form der Rückenflosse unterscheiden. Bei den Männchen von *Amblygobius bynoensis* verläuft das Ende der ersten Rückenflosse spitz.

Nicht bei jeder Art der Gattung *Amblygobius* sind die Geschlechter durch die Rückenflosse zu unterscheiden. *Amblygobius rainfordi* gehört zu jenen Grundelarten, die phänotypisch keine Geschlechtsunterschiede zeigen.

Die Familie Gobiidae

Die Familie der Grundeln steckt voller Überraschungen. Obwohl es sich vielfach um kleinbleibende Arten handelt, ist es doch sehr schwierig eine Vergesellschaftung vorzunehmen. Der Grund liegt darin, daß viele Grundeln ein stark ausgeprägtes territoriales Verhalten zeigen, das unter anderem keine Duldung eines gleichgeschlechtlichen Artgenossen erlaubt. Selbst andersgeschlechtliche Gobiiden werden außerhalb der Laichzeit attackiert. Von den Arten der Gattung *Valenciennea* ist bekannt, daß sie vielfach Einehen eingehen, die so intensiv sind, daß bei Partnerverlust eine solitäre Lebensweise bevorzugt wird, welcher jedoch meist ein rascher Tod des verbliebenen Einzelgängers folgt.

Ein Grund, weshalb diese Grundeln vielfach als Paar eingeführt werden. Ist es sicher, daß es sich um zwei verträgliche Artgenossen handelt, dann ist es möglich im Aquarium eine Vergesellschaftung vorzunehmen.

Bei einigen Arten aus der Gattung *Amblygobius* endet die erste Rückenflosse der Männchen spitz, während die der Weibchen abgerundet ist (FRISCHE 1992, 1996). Daß bei der Art *Cryptocentrus cinctus* die farblichen Variabilitäten von weiß, gelb oder schwarz geschlechtsspezifizierend sind, konnte nicht bestätigt werden.

Interessanterweise konnte bei Grundeln, die in einer kleinen Gruppe leben und bei der ein Männchen die Führung übernommen hatte, festgestellt werden, daß hier ein Geschlechtswechsel durchgeführt werden kann. So dokumentiert bei der Gattung *Paragobiodon*. Es kann davon ausgegangen werden, daß auch bei Grundeln der Gattungen *Gobiosoma* und *Gobiodon* ein Geschlechtswechsel durchgeführt werden kann. Fraglich ist nur der Zeitraum, in dem die Grundeln diese Fähigkeit besitzen.

Obwohl viele Grundeln klein bleiben, ist es doch schwierig eine Vergesellschaftung einer Art durchzuführen, da sie ein stark ausgeprägtes Territorialverhalten zeigen. Dies gilt auch für *Gobiodon citrinus*.
Foto: R. Steene

Trotz genannter Ausnahmen bleibt die erfolgreiche Vergesellschaftung mehrerer Grundeln vielfach ein Lotteriespiel mit ungewissem Ausgang - vor allem dann, wenn das Aquarium zu klein ist. Der Unterlegene verläßt den künstlich geschaffenen Lebensraum durch Sprung aus dem Aquarium. Wird er nicht rechtzeitig von dem Aquarianer entdeckt, so ist der Tod unausweichlich.

Zur Familie Gobiidae verwendete Literatur:
CHLUPATY, P. 1990; DEBELIUS, H. 1986; ESTERBAUER, H. 1995; FRISCHE, J. 1992, 1995 ,1996; HOESE, D. F. & LARSON, H. K. 1994; TRESHER, R. E. 1984

Die Familie Microdesmidae

Bis vor Kurzem wurden die Arten dieser Familie noch der Familie Gobiidae zugerechnet, weshalb ich sie hier direkt im Anschluß abhandeln möchte. Da viele Torpedogrundeln in einer kleinen Gruppe leben, ist die Vergesellschaftung einfach. Etwas schwieriger ist dies hingegen bei den Arten aus der Gattung *Nematelectris*. Während sich die Jungfische zu kleinen Gruppen zusammenschließen, sondern sich geschlechtsreife Schwertgrundeln von der Gruppe ab um fortan eine paarweise Lebensform vorzuziehen. Dabei wird der Unterschlupf vehement gegen Artgenossen verteidigt, was im Aquarium zu Sprüngen der Eindringlinge aus selbigem führen kann.

Äußerliche Geschlechtsunterschiede im Hinblick auf farbliche Merkmale sind nicht bekannt. Geschlechter von *Nemateleotris decora* sollen in der Länge des Schwerts differieren (THALER 1995). Bei den Torpedogrundeln aus der Untergattung Ptereleotrinae hingegen ist die geschlechtsspezifische Unterscheidung bedeutungslos, da wir es hier mit Hermaphroditen zu tun haben, was auch für die Eleotrinae zutrifft.

Zur Familie Microdesmidae verwendete Literatur:
DEBELIUS, H. 1985; FRISCHE, J. 1994, 1995; HUNT, P. 1993; RANDALL, J. E. & HOESE, D. F. 1985; STRATTON, R. F. 1992; THALER, E. 1995

Die Familie Grammidae

Bei den in Gruppen lebenden Feenbarschen ist die Vergesellschaftung von mehreren Artgenossen kein Problem. Voraussetzung ist, daß man die gewünschte Anzahl an Individuen auf einmal ins Aquarium einsetzt. Feenbarsche, die zu einem späteren Zeitpunkt nachgesetzt werden, haben keine Chance zu überleben, da sie vehement von

Der Black-Cap, *Gramma melacara*, ist ein Hermaphrodit.
Foto: Prof. E. Thaler

Werden Feenbarsche zur gleichen Zeit eingesetzt, dann verursacht die Vergesellschaftung mehrerer Exemplare kein Problem.

Zur Familie Grammidae verwendete Literatur:
FRISCHE, J. & LISSNER, C. 1988, 1989; HUNZIKER, R. 1992; STRATTON, R. F. 1994; TRESHER, R. E. 1984

Die Familie Labridae

Lippfische lassen sich in vielen Fällen einfach vergesellschaften, da die meisten von ihnen im natürlichen Lebensraum in Gruppen miteinander leben.

Gut an der Färbung und der Länge der Bauchflossen sind die Geschlechter der Art *Cirrhilabrus rubriventralis* zu unterscheiden, hier ein Männchen.

den anderen, bereits im Aquarium lebenden Exemplaren gejagt werden. Der Grund liegt darin, daß sich die Alteingesessen den künstlichen Lebensraum untereinander in kleine Territorien aufgeteilt haben. Neue Artgenossen finden keine Nische und verletzen damit ständig die Reviergrenzen der anderen Feenbarsche.
Für die Geschlechtsidentifizierung gibt es bei keiner der drei Feenbarscharten äußerliche Unterscheidungsmerkmale. Aber Feenbarsche sind hermaphroditisch - wenn auch nur als Jungfisch. Dies ist zwar bislang eindeutig nur bei *Gramma loreto* nachgewiesen worden, doch warum sollten die ähnlich lebenden *Gramma melacara* und *Gramma linki* auf die Vorteile des Geschlechtswechsels verzichten? Es handelt sich um eine kleine Gattung. Daß die Paarbildung reibungslos bei *Gramma loreto* durchgeführt werden kann, bestätigen die erfolgreichen Ablaichaktionen dieser Fische im Aquarium.

Eine Ausnahme in jeglicher Hinsicht bilden die Putzerfische der Gattung *Labroides*. Nicht nur, daß sie in der Natur paarweise leben, auch im Aquarium kann es zu Schwierigkeiten kommen. Dies hängt damit zusammen, daß der größere Fisch versucht, den kleineren zu unterdrücken. In den beengten Ver-

Viele Lippfische zeigen im Gegensatz zur Färbung der Alttiere eine andere Jugendfärbung. Dies ist auch bei *Halichoeres melasmapomus* nicht anders. Hier die Jugendfärbung, die allerdings nicht ganz so stark gegenüber der Altfärbung variiert.
Foto: R. Steene

Adultfärbung von *Halichoeres melasmapomus*. Inwieweit Männchen und Weibchen unterschiedlich gefärbt sind ist unbekannt.
Foto: R. Steene

hältnissen eines Aquariums endet die Flucht des unterlegenen im Sprung und vielfach auf dem Teppich. Diese Verhaltensweisen sind ebenfal s - leider - bei den Gattungen *Macropharyngodon*, *Pseudocheilinus*, *Cirrhilabrus* und *Paracheilinus* festzustellen. Die Auflistung ließe sich sich noch erweitern. Aggressionshandlungen führen zu einem Ziel: Der dominierende Lippfisch wird sich in ein Männchen umwandeln, während der kleinere Artgenosse die Funktion eines Weibchens übernehmen wird. Wohl kaum eine andere Fischfamilie ist bezüglich des Geschlechtswechsels so ausführlich untersucht. Am sinnvollsten ist es, mehrere

Die Männchen von *Gomphosus varius* tragen ein prächtiges Grün. Die Weibchen hingegen sind graubraun gefärbt.

Fische einer Art mit unterschiedlicher Größe zum gleichen Zeitpunkt in das Aquarium zu entlassen. Obwohl es vielfach auch unproblematisch ist, zu einem späteren Zeitpunkt einen kleinen Artge-

Wie variabel und teilweise noch unerforscht die Lippfische sind, zeigt das Beispiel von *Cirrhilabrus solorensis* (?). Hier die männliche Farbvariante. Das Weibchen zu dieser Art wird vielfach als Männchen von *Cirrhilabrus cyanopleura* geführt.

Männchen und Weibchen von *Cirrhilabrus cyanopleura* sind in ihrer Körperfärbung sehr ähnlich.

Die juvenile und weibliche Färbung - hier abgebildet - von *Macropharyngodon bipartitus* variiert stark zu der des männlichen Artgenossen.

nossen nachzusetzen, hat sich die erstgenannte Verhaltensregel gut bewährt.

Es gibt eine Vielzahl phänotypischer Unterschiede, die angefangen, von Farbunterschieden (*Macropharyngodon bipartitus* oder *Gomphosus varius*) über Verlängerung der Rückenflossenstrahlen (*Cirrhilabrus jordani*) bis hin zu unterschiedlich langen Bauchflossen (*Cirrhilabrus rubriventralis*) reichen können. Dabei können die farblichen Unterschiede so gravierend sein, daß männliche und weibliche Lippfische als eigene Art geführt wurden (so beispielsweise in Burgess 1988, der das Männchen von *Macropharyngodon bipartitus* noch als *Macropharyngodon cyanoguttatus* beschreibt).

Erst die aquaristischen Untersuchungen brachten einige Überraschungen bezüglich der Artzugehörigkeit zu Tage. So ist die Anzahl der Lippfisch-Arten inzwischen wieder geschrumpft.

Aber nicht nur Männchen und Weibchen zeigen vielfach unterschiedliche Färbungen, auch Primär- und Sekundärmännchen können in der Farbgebung Abweichungen zeigen. Kurzum ein wildes Durcheinander, das nur in wenigen Büchern (beispielsweise Thaler 1995) ausführlich behandelt wird.

Wäre nicht die ausgeprägte Springfreudigkeit vieler Lippfische während der Geschlechtsfestlegung, dann wäre die Paarbildung so einfach.

Die männliche Färbung von *Macropharyngodon bipartitus* variiert so stark von der weiblichen, daß sie jahrelang unter einem eigenen Artnamen - *Macropharyngodon cyanoguttatus* - geführt wurde.
Foto: Prof. E. Thaler

Zur Familie Labridae verwendete Literatur:
Chlupaty, P. 1985, 1989; Esterbauer, H. 1993; Frische, J. 1992, 1995; Grosskopf, J. 1995; Kuhn, R. 1976; Pawlowsky, E. 1994; Randall, J. E. 1992; Thaler, E. 1995; Tresher, R. E. 1984; Wirtz, P. 1993

Die Familie Malacanthidae

Von dieser Familie, in der die farbenprächtigen Torpedobarsche angesiedelt sind, ist ausgesprochen wenig bekannt. Dies hängt vor allem damit zusammen, daß die Fische paarweise in großen Tiefen leben und es somit praktisch unmöglich ist, Langzeitbeobachtungen im natürlichen Habitat durchzuführen. Auch hier dürfte der Aquarianer gefordert sein.

Zur Familie Malacanthidae verwendete Literatur:
Tresher, R. E. 1984

Durch ihren versteckten Lebenswandel in großen Tiefen ist über die Arten der Familie Malacanthidae nur wenig bekannt. Dies gilt auch für *Hoplolatilus starcki*.

Die Familie Opistognathidae

Brunnenbauer bieten in vielerlei Hinsicht Überraschungen, aber leider nicht in der äußerlichen Geschlechtserkennung. Hier sind farbliche Unterschiede lediglich während der Balz zu erkennen. *Opistognathus melachasme* kann durch die Länge der Kiefer unterschieden werden. Ebenfalls durch die Maulgröße ist *Opistognathus scops* zu unterscheiden (Thaler 1994). Leider trifft dieses mor-

Pärchen von *Opistognathus aurifrons.* Ein Geschlechtswechsel konnte bislang nicht nachgewiesen werden, doch sprechen viele Beobachtungen dafür.
Foto. Prof. E. Thaler

phologische Merkmal nicht auf alle Arten dieser Familie zu und so bleibt dem Aquarianer nichts anderes übrig, als junge Exemplare einer Art zu erwerben. Daß diese untereinander zänkisch sein können liegt daran, daß viele Brunnenbauer zwar in Gruppen ein Geröllfeld bewohnen, doch ist ein Sicherheitsabstand zwischen den einzelnen Wohnröhren auszumachen. Bei dem häufig gepflegten *Opistognathus aurifrons* beispielsweise mißt der Durchmesser des Reviers etwa ein Meter. Folglich kann es in zu kleinen Aquarien zu unerwünschten Auseinandersetzungen kommen. Nicht immer, denn eine Reihe von Beispielen belegen, daß dieser Mindestabstand im Aquarium nicht zwingend sein muß.
Zwar konnte histologisch bislang nicht die Fähigkeit des Geschlechtswechsels nachgewiesen werden, doch deuten Beobachtungen auf diese Eigenschaft hin. Das Problem, das sich dabei ergibt, ist die Zeitspanne, in der diese Fähigkeit gegeben ist. Bleibt folglich nochmals der Rat auszusprechen, mehrere Exemplare einer Art zu erwerben - möglichst kleine, aber mit unterschiedlicher Größe - und sie gleichzeitig einsetzen.

Weibchen des Goldstirn-Kieferfischs, *Opistognathus aurifrons.*
Foto: Robert Brons

Zur Familie Opistognathidae verwendete Literatur:
Debelius, H. 1986, 1994; Fenner, R. 1996; Frische, J. 1992; Stratton, R. F. 1993; Thaler, E. 1994, 1995; Tresher, R. E. 1984

Mirakelbarsche sind stark territorial veranlagt und zeigen keine phänotypischen Geschlechtsmerkmale.
Foto: Prof. E. Thaler

Die Familie Plesiopidae

Während die Mirakelbarsche aus der Gattung *Calloplesiops* stark territorial veranlagt sind und ihre Reviere vehement gegen gleichgeschlechtliche Artgenossen und außerhalb der Laichzeit auch gegen das andere Geschlecht verteidigen, finden wir in der Gattung *Assessor* das genaue Gegenteil. Es handelt sich um kleinbleibende Fischchen, die als Jungtiere in kleinen Gruppen zusammen leben. Innerhalb dieser Gruppe allerdings sind Reviere aufgebaut, die von den Artgenossen respektiert werden.

Ist die Vergesellschaftung mehrerer juveniler Individuen bei den Arten aus der Gattung *Assessor* einfach zu verwirklichen, so verursacht dies bei den Mirakelbarschen aus der Gattung *Caloplesiops* ein Problem. Um dennoch ein Paar dieser Gattung zu erhalten, habe ich folgendes unternommen:

Zunächst habe ich drei juvenile Exemplare erworben, die leichte Unterschiede in der Größe zeigten. Nach Eingewöhnung verlief das erste Jahr ohne nennenswerte Vorkommnisse. Die Fische gingen sich aus dem Weg. Dann - wahrscheinlich mit Einsetzen der Geschlechtsreife - wurde eines der drei Tiere (alle drei Mirakelbarsche waren auf etwa die gleiche Größe von rund 10 cm herangewachsen) massiv attackiert. Nach dem Totalverlust der Schwanzflosse wurde dieser *Calloplesiops*

Als Jungfische leben sowohl *Assessor flavissimus* als auch *Assessor macneilli* in kleinen Gruppen beisammen. Mit dem Erreichen der Geschlechtsreife trennen sich Paare ab.

altivelis herausgefangen und umgesiedelt. Die beiden verbliebenen Rundköpfe laichten drei Wochen später erstmals miteinander ab.
Leider gibt es bei den Arten aus der Familie Plesiopidae keine äußeren Geschlechtsmerkmale, die es ermöglichen, Weibchen und Männchen einfach zu unterscheiden. Bei ausgewachsenen Tieren ergaben Untersuchungen, daß die weiblichen Fische stets kleiner als ihre männlichen Artgenossen waren.
Bei der Gattung *Calloplesiops* halte ich einen Geschlechtswechsel schon aufgrund der Lebensweise für eher unwahrscheinlich - es sei denn, in einem frühen Stadium ihrer juvenilen Entwicklung. Dies gilt gleichfalls für die Gattung *Assessor*.

Zur Familie Plesiopidae verwendete Literatur:
Frische, J. 1992, 1997; Hunziker, R. 1987; Neal, T. 1994; Thaler, E. 1995; Tresher, R. E. 1984

Die Familie Pomacanthidae

Kaiserfische stellen wohl mit die prächtigsten Vertreter der Korallenfische. Aber nicht nur die vielfältigen Farben auch die unterschiedlichen Größen und

Männchen und Weibchen sind bei der Gattung *Genicanthus* einfach durch die unterschiedliche Färbung zu unterscheiden, hier ein *Genicanthus caudovittatus*-Weibchen. Zudem sind Lyrakaiserfische zum Geschlechtswechsel fähig.

Alle Zwergkaiser können ihr Geschlecht wechseln, dies gilt auch für *Centropyge ferrugatus.*
Foto: Robert Brons

Verhaltensweisen faszinieren bei dieser Familie. Häufig werden die kleinen Zwergkaiserfische aus der Gattung *Centropyge* im Riffaquarium gepflegt. In der Natur leben viele Arten dieser Gattung in kleinen Gruppen zusammen, die aus einem männlichen Anführer bestehen, dem mehrere weibliche Artgenossen folgen. Die Formulierung Haremsstruktur ist hier durchaus gerechtfertigt. Leider zeigen Centropygen keine geschlechtsspezifischen Unterscheidungsmerkmale. Dies ist nicht weiter tragisch, denn bei den meisten Arten dieser Gattung wurde die Fähigkeit des Geschlechtswechsels nachgewiesen. Eine Fähigkeit, die auch vielen Arten der Gattungen *Apolemichthys* und *Chaetodontoplus* eigen ist. Hier jedoch mit der Einschränkung, daß diese Umwandlung vornehmlich jungen Fischen vorbehalten ist. Dieses Wissen wird bei der Paarbildung im Aquarium dahingehend genutzt, daß ein größeres und ein kleineres Individuum einer Art miteinander vergesellschaftet wird. Vorteilhaft ist der gleichzeitige Einsatz beider Fische. Bei Zwergkaiserfischen kann sogar bei einigen Arten - beispielsweise *Centropyge loriculus* - eine kleine Gruppe von vier oder fünf Exemplaren gepflegt werden. Eine besondere Lebensweise haben eine Reihe von Großkaiserfischen entwickelt. Die Männchen „halten" sich in ihrem großräumigen Revier mehrere Weibchen, die ihrerseits Territorien beanspruchen, die sich in den Grenzen des männlichen

Gebiets befinden. So ist es zu erklären, daß vielfach die Annahme bestand, daß Großkaiser einer solitären Lebensweise nachgehen. Nur während der abendlich stattfindenden Fortpflanzung finden die Partner zusammen. Einige Großkaiser - so *Pomacanthus paru* - können, je nach Herkunft, in Gruppen oder als Paar angetroffen werden.
Eine weitere Besonderheit bei Großkaiserfischen ist die unterschiedliche Färbung der Jung- und Altfische. Dabei tragen die Körper der Jungtiere ein Blau, das mit weißen Streifen gemasert ist. Juvenile anderer Großkaiser hingegen sind schwarz - statt blau - gefärbt. Die Streifen sind gelb. Die Andersfarbigkeit der Jungtiere ermöglicht ihnen ohne Furcht im Revier der Alttiere leben zu können. Und noch etwas konnte inzwischen nachgewiesen werden. Alle jungen Großkaiserfische sind zum Geschlechtswechsel fähig. Mit dem Abschluß der Umfärbung ins adulte Farbkleid erlischt diese Fähigkeit jedoch. So ist es nicht verwunderlich, daß jahrelang die Überzeugung bestand, das Großkaiserfische keinen Geschlechtswechsel vollziehen können - eine Annahme, die bedingt richtig ist. Die Paarbildung im Aquarium ist realisierbar, indem zwei Jungtiere einer Art miteinander vergesellschaftet werden, was nicht immer gelingt, da die jungen Großkaiser auch untereinander aggressiv sein können. Besser ist die Vergesellschaftung eines juvenil und eines adult gefärbten Exemplars.
Bei der Gattung *Pygoplites* konnte ebenfalls die Fähigkeit des Geschlechtswechsels nachgewiesen werden. Außerdem wurde immer wieder die Beobachtung gemacht, daß Pfauenkaiserfische in einer kleinen Gruppe die Riffe durchstreifen. Eine Lebensform, die sich auch in Aquarien mit ausreichender Größe realisieren ließe, wäre da nicht die vielfach auftretende Futterverweigerung der überwiegenden Zahl aller Pfauenkaiserfische.
Die Paarbildung der Gattung *Genicanthus* ist einfach. Nicht nur farbliche Unterschiede der Geschlechter sind einfach zu erkennen, auch hier wird der bereits beschriebene Geschlechtswechsel praktiziert. Außerdem eignen sich Lyrakaiserfische vortrefflich für die Pflege im Riffaquarium. Wichtig ist, daß mindestens drei, vier oder noch mehr Individuen einer Art miteinander vergesellschaftet werden, wobei darauf geachtet werden muß, daß nur ein Männchen in der Gruppe vorhanden ist. Bei Jungtieren ist dies natürlich ohne Bedeutung, da sich das stärkste Tier immer in ein Männchen umwandelt.

Zur Familie Pomacanthidae verwendete Literatur:
Allen, G. R. 1979; Esterbauer, H. 1994; Fenner, R. 1994, 1996; Frische, J. 1992, 1997, 1998; Neal, T. 1995; Steeene, R. C. 1977; Stratton, R. F. 1996; Tresher, R. E. 1984

Die Familie Pomacentridae

Eine aufregende Familie, deren bekannteste Vertreter die Anemonenfische sind. Der Aquarianer hat es einfach, bei den Riffbarschen das gewünschte Paar zusammenzufügen - zumindest bei der Gattung *Amphiprion*. Werden zwei unterschiedlich große Exemplare einer Art erworben, dann dauert es in aller Regel etwa 14 Tage bis sich Weibchen und Männchen entwickelt haben. Grund dafür ist der schon vielfach erwähnte und beschriebene Geschlechtswechsel.
Anders als sonst üblich hat hier das weibliche Tier die dominierende Rolle inne. Bei einigen Arten - wie beispielsweise *Amphiprion clarkii* - kann der Größenunterschied zwischen den Geschlechtern bis zu einem Faktor drei betragen. Dieses Größenverhältnis findet sich auch bei *Premnas biaculeatus*. Hier allerdings ist die Verpaarung nicht ganz so einfach, da das weibliche Tier bestimmte Auswahlkriterien gegenüber dem künftigen Partner hat, die bislang unbekannt sind. So kann es passieren, daß die erste Verpaarung - bei gleichzeitigem Einsatz - scheitert, während der nachfolgend zugesetzte kleinere Artgenosse von dem verbliebenen größeren sofort akzeptiert wird.
Im Allgemeinen ist die Größe bei den Anemonenfischen der einzige Anhaltspunkt für die Geschlechtsunterscheidung. Bei *Amphiprion perideraion* hingegen sind auch die Querstreifen entlang der Kiemendeckel ein Merkmal der Unterschei-

Pärchen von *Amphiprion nigripes*. Wie alle Anemonenfische betreibt auch diese Art Geschlechtswechsel. Die Weibchen sind größer als die Männchen. Foto: Robert Brons

dung. Während diese bei den weiblichen Tieren ohne Unterbrechung auf den weißen Rückenstreifen verlaufen, sind diese beim Männchen kurz vor dem Zusammentreffen unterbrochen. Dieses Erkennungsmerkmal ändert sich dann, wenn aus den Männchen Weibchen werden.

Bei *Amphiprion frenatus* unterscheidet das Fehlen des schwarzen Körperflecks das Männchen, von seinen weiblichen Artgenossen, die einen Körperfleck tragen, der fast den gesamten Leib kleidet.

Nicht wesentlich schwieriger ist die Verpaarung von einigen Riffbarschen aus anderen Gattungen. Die Jungtiere vieler Demoisellen lassen sich zu mehreren pflegen. Dies sollte der Pfleger beherzigen, da dieses Verhalten in der Natur für die jungen Riffbarsche überlebenswichtig ist. Mit dem Erreichen der Geschlechtsreife ändern sich die Lebensweisen. Während die Schwalbenschwänzchen der diversen Arten aus der Gattung *Chromis* in den meisten Fällen auch weiterhin in einer Gruppe oder sogar in Schwärmen miteinander leben, splitten sich die Angehörigen aus der Gattung *Dascyllus* in kleine Gruppen oder sogar Paare auf. In zu kleinen Aquarien bedeutet dies, daß die schwächsten Gruppenmitglieder erbarmungslos verfolgt werden, was in extremen Fällen dazu führt, daß nur noch das Paar einer einstigen *Dascyllus*-Gruppe im Aquarium überlebt.

Viele andere Pomacentriden bilden jedoch kleine Gruppen, in denen ein Männchen mit mehreren Weibchen zusammen lebt. Anders als sonst üblich hat das Männchen nicht in jedem Fall die dominierende Rolle, sondern ist vielfach dazu „verdammt", die Eier zu bewachen und zu versorgen. Das eigentliche „Sagen" haben die Weibchen der Gruppe. Solche Beispiele finden sich sowohl bei *Pomacentrus alleni* als auch bei *Chrysiptera cyanea*.

Bei anderen Arten dieser zahlenmäßig sehr umfangreichen Familie sind farbliche Unterscheidungsmerkmale der Geschlechter ausgeprägt. Dies führte zeitweise sogar zur Verwirrung bei der Bestimmung der Artzugehörigkeit. So können bei den männlichen *Chrysiptera cyanea* unterschiedliche Körperteile gelbe Farbpigmente tragen. Bei einigen Exemplaren beschränkt sich das Gelb auf

Nicht bestätigt werden kann die Beobachtung von TRESHER, daß bei den Männchen von *Dascyllus melanurus* die Bauchflossen weiß eingesäumt sind. Diese Aufnahme zeigt ein geschlechtsreifes Männchen.

Eine Reihe von Riffbarschen muß auch im Aquarium in der Gruppe vergesellschaftet werden, zu diesen gehört *Chromis viridis.*

Zu den aggressiveren Zwergbarschen gehört *Pseudochromis dutoiti,* der nicht nur ein Geschlechtswechsler ist, sondern bei dieser Art sind Männchen und Weibchen unterschiedlich gefärbt. Diese Aufnahme zeigt das farbenprächtige Männchen.

die Schwanzflosse, andere Männchen haben zusätzlich eine gelbe Kehle (ALLEN 1991). Bei *Pomacentrus alleni* hingegen unterscheiden sich die Geschlechter in der Intensität der gelbgefärbten Afterflosse (FRISCHE 1994). Daß bei vielen Arten auch die juvenilen von den adulten farblich abweichen, sei ergänzend erwähnt (TRESHER 1984).
Neben den farblichen Unterscheidungen können auch zusätzliche Umrandungen oder das Fehlen eines Saums geschlechtsspezifische Zuordnungen ermöglichen. So bei *Dascyllus melanurus*, dessen Geschlechter sich nach TRESHER dadurch unterscheiden, daß die Männchen einen weißen durchgehenden Saum um jede Bauchflosse zeigen.
Ein Geschlechtsmerkmal, das ich bei den von mir gepflegten fünf *Dascyllus melanurus* nicht sehen kann - obwohl ein regelmäßiges Ablaichen erfolgt und das Männchen eindeutig zu bestimmen ist. Ein weiteres Erkennungsmerkmal ist die Geschlechtspapille, die bei erwachsenen Fischen einiger Arten dieser Familie sogar mit bloßem Auge erkennbar ist. Ähnlich wie bei *Pterapogon kauderni*.
Die Fähigkeit des Geschlechtswechsels, der zwischenzeitlich bei vielen Arten dieser Familie nachgewiesen werden konnte, ist der sicherste Weg um ein funktionsfähiges Paar zu erhalten. Es sind vor allem die Jungfische die diese Fähigkeit haben, sich von Weibchen in funktionsfähige Männchen zu verwandeln.

Zur Familie Pomacentridae verwendete Literatur:

AHRENS, K. 1990; ALLEN, G. R. 1978, 1991; ESTERBAUER, H. 1991; FAUTIN, D. G. & ALLEN, G. R. 1994; FRISCHE, J. 1994, 1995, 1996; FRISCHE, J. & LISSNER, C. 1988, 1991; HENNINGSEN, A. D. 1989; KIEFNER, R. 1996; MALPASS, D. JR. 1996; NAHKE, P. 1987; THALER, E. 1995; TRESHER, R. E. 1984; VELTE, F., WICKER, R. & FENDT, P. 1997

Die Familie Pseudochromidae

Diese kleinbleibenden farbenprächtigen Zwergbarsche sind gern gepflegte Fische in einem Riffaquarium. Dabei wird leider vielfach die ausgeprägte Aggressivität vergessen, die viele dieser Arten an den Tag legen - vor allen Dingen gegenüber ährlich gefärbten Fischen. Extreme Rivalitäten treten unter gleichgeschlechtlichen Artgenossen auf. Aber nicht nur Artgenossen wer-

Ebenfalls zum Geschlechtswechsel befähigt, sind die Arten aus der Familie der Zwergbarsche. Hier ein Weibchen der bekanntesten und wohl beliebtesten Art *Pseudochromis fridmani*.
Foto: Robert Brons

den bedrängt. Nach erfolgreicher Paarbildung einer Zwergbarschart ist der Aquarianer gut beraten, keine weiteren Arten aus der Gattung *Pseudochromis* einzusetzen, da diese nicht selten erbarmungslos durch das gebildete Paar zu Tode gehetzt und gebissen werden. Wichtig bei der Paarbildung ist die unterschiedliche Größe der gleichzeitig eingesetzten Fische.
Leider sind bei den Pseudochromiden nur bei wenigen Arten phänotypische Geschlechtsunterschiede bekannt. Von *Pseudochromis fridmani* wurde berichtet, daß die Schwanzflosse des Männchens an ihrem unteren Ende spitz ausläuft und daraus resultierend verlängert ist.
Bei *Pseudochromis cyanotaenia* hingegen sind Männchen und Weibchen so unterschiedlich gefärbt, daß sie zuerst als unterschiedliche Arten beschrieben wurden.

Von weiteren Geschlechtsunterschieden bei anderen Arten aus dieser Familie liegen bislang keine Berichte vor, was auch nicht weiter störend ist, da Zwergbarsche hermaphroditische Veranlagungen haben, was letztendlich eine Paarbildung ermöglicht. Wichtig ist, wie schon erwähnt, die unterschiedliche Größe. Wird dieses Kriterium berücksichtigt, dann ist es vielfach sogar einfach, einen kleinen Artgenossen einem Einzeltier hinzuzusetzen.

Zur Familie Pseudochromidae verwendete Literatur:
BAENSCH, H. A. & DEBELIUS, H. 1992; BRONS, R. 1995; DEBELIUS, H. 1986; ESTERBAUER, H. 1990; LANGE, J. 1987; SPIES, G. 1992; TRESHER, R. E. 1984

Gleich der Natur sollte *Pseudanthias squamipinnis* zu mehreren gepflegt werden. Selbst wenn nur Weibchen erworben werden, entwickelt sich nach kurzer Zeit ein Männchen. Während die Weibchen eher orange gefärbt sind, zeichnen sich die Männchen dieser Art durch ein kräftiges Rot aus.

Die Familie Serranidae

Bekannteste Vertreter dieser Familie sind die Fahnenbarsche. Die Vergesellschaftung der Gattung *Pseudanthias* ist einfach, da es sich um schwarmbildende Planktonfresser handelt. Hier besteht eher die Problematik eine ausreichende Individuenzahl zu pflegen, damit dem natürlichen Sozialverhalten im weitesten Sinne entsprochen werden kann.

Männchen und Weibchen sind vielfach in einigen phänotypischen Merkmalen zu unterscheiden. Die ersten Rückenflosserstrahlen der Männchen sind verlängert. Eine unterschiedliche Farbgebung zwischen Männchen und Weibchen ist ebenfalls die Regel. Hinzu kommt, daß Fahnenbarsche protogyne Hermaphroditen sind.

Im Aquarium ist es unproblematisch, wenn ausschließlich Weibchen eingesetzt werden. Schon nach kurzer Zeit hat sich das stärkste Weibchen in ein Männchen umgewandelt. Hin und wieder wechselt sogar ein zweites Weibchen in ein Männchen. Das faszinierende für der Aquarianer ist dabei, daß er die einzelnen Umwandlungsphasen durch die einhergehende Farbveränderung erkennen kann. Ich wünsche viel Spaß beim Beobachten.

Zur Familie Serranidae verwendete Literatur:
Esterbauer, H. 1990, 1995; Gremblewski-Strate, O. 1993; Paulus, T. 1994; Tresher, R. E. 1984

Freilaicher

Bei Fischen besteht die einfachste Form der Fortpflanzung darin, daß die Fortpflanzungsprodukte frei ins Wasser abgegeben werden. Wichtigste Maßnahme dabei ist die gleichzeitige Abgabe von Sperma und Eiern, damit eine Befruchtung gewährleistet wird. Ab diesem Zeitpunkt sind die Eier und die sich daraus entwickelnden Larven und Jungfische auf sich alleine gestellt. Damit überhaupt eine Chance auf Arterhaltung gegeben ist, müssen große Mengen an befruchteten Eiern produziert werden. Außerdem muß sichergestellt sein, daß die Larven genügend Nahrung vorfinden. Somit ist es nicht selten, daß Laichaktivitäten - so sie nicht jeden Abend erfolgen - bei Voll- und Neumond vollzogen werden. Zu diesen Zeiten ist die Flut am höchsten. Sie ist der Garant dafür, daß die befruchteten Eier ins offene Meer getragen werden. Hier existiert reichlich Plankton. Außerdem ist die Gefahr geringer, daß die Eier in der offenen See gefressen werden.

Deshalb ist es nicht verwunderlich, daß überwiegend freilaichende Fische kurz nach Einbruch der Dunkelheit ihre Fortpflanzungsprodukte abgeben. Nicht nur, daß sich die Chance verringert, von Beutegreifern gepackt zu werden, auch die abgesetzten Eier haben eine um ein Vielfaches

Pseudanthias squamipinnis im natürlichen Biotop fotografiert. Fahnenbarsche zählen zu den Freilaichern. Sie geben ihre Fortpflanzungsprodukte ins freie Wasser ab und überlassen alles andere dem Zufall.
Foto: M.-P. & C. Piednoir

Ellen THALER gelang es in Ihrem nur 50 cm hohen Aquarium, daß ein Paar *Zebrasoma scopas* ablaichte. Leider gab es dabei viele verletzte Fische. Inzwischen ist Ihr dieses „Kunststück" auch mit dem Paletten-Doktorfisch *Paracanthurus hepatus* gelungen.

erhöhte Überlebenschance. Damit die Eier auf das offene Meer getrieben werden, ist es nötig, daß diese unterhalb der Wasseroberfläche treiben. Dies wird durch ein Öltröpfchen in den Eiern ermöglicht, das diesen genügend Auftrieb verschafft. Bereits nach wenigen Stunden schlüpfen die meist völlig unpigmentierten, unterentwickelten Larven. Nicht schwimmfähig treiben die Larven an der Wasseroberfläche. Damit die Larven nicht zu Boden sinken, findet sich in ihrem Dottersack ebenfalls ein Öltröpfchen, das sie sicher in der genannten Position hält.
Trotz der großen Zahl an Eiern, trotz des präzisen Ablaufs der Abgabe der Geschlechtsprodukte und trotz des gut gewählten Zeitpunkts werden pro Eiabgabe meist nicht mehr als ein - vielleicht zwei lebensfähige Fische daraus hervorgehen. Welche Größe die Eier und die Larven haben, welche Aktivitäten vor der Eiablage ablaufen und welche der bereits vorgestellten Fische pelagische Eier abgeben, dazu jetzt mehr.

Die Familie Acanthuridae

Wie bereits berichtet hängt die Eiablage bei Doktorfischen davon ab, wie das soziale Gefüge strukturiert ist, in dem die Fische leben. Paarweises Ablaichen wurde bei *Zebrasoma veliferum, Ctenochaetus strigosus, Acanthurus leucosternon* oder *Naso lituratus* dokumentiert. Die Liste ist selbstverständlich nicht vollständig und soll lediglich beispielhaft sein.
Das gemeinsame Ablaichen erfolgt aus den verschiedenen sozialen Strukturen heraus, in denen Doktorfische anzutreffen sind. Leben die Doktorfische paarweise zusammen, erfolgt das Ablaichen mit dem Partner. Leben die Acanthuriden hingegen in der Gruppe, gibt es die Möglichkeit, daß sich ein Paar zum Ablaichen kurz von der Gruppe absondert, oder aber die beiden laichwilligen Doktorfische schießen aus der Gruppe heraus in Richtung Wasseroberfläche um dort ihre Fortpflanzungsprodukte abzugeben. Leben Doktorfische solitär und durchstreift ein Weibchen das Revier eines einzeln lebenden Männchens, dann kann hier ein spontanes Ablaichen beider Geschlechter erfolgen. Die Balz als solches verläuft relativ rasch. Eingeleitet wird sie dadurch, daß das Männchen eine Balzfärbung entwickelt und nun bemüht ist, das Weibchen durch Wechsel des Farb- und Schwimmverhaltens zur Eiabgabe zu stimulieren. Dies setzt natürlich voraus, daß der Geschlechtspartner Laich „angesetzt" hat. Da aber die meisten Doktorfische der tropischen Meere das ganze Jahr ablaichen - mit verstärkten Aktivitäten im Frühsommer - gibt es bezüglich der Eiproduktion wenig Probleme. Ist das Weibchen in Stimmung, dann öffnet sich seine Genitalpapille ein wenig. Dann erfolgt ein synchrongesteuertes Emporschießen in Richtung Wasseroberfläche. Während dieses nur Sekunden wäh-

Diese Aufnahme verdeutlicht noch einmal, daß es sehr wohl möglich ist, mehrere *Zebrasoma flavescens* im Aquarium zu pflegen. Ob allerdings jemals ein erfolgreiches Ablaichen beobachtet wurde, ist bislang nicht dokumentiert und publiziert. Foto: M.-P. & C. Piednoir

renden Vorgangs übernimmt das Männchen die führende Rolle. Es ist stetig bemüht, Flanke an Flanke Kontakt mit dem Weibchen zu halten.
An der Spitze des Aufstiegs werden gleichzeitig Sperma und Eier ins freie Wasser abgegeben. Die Tiere schwimmen auseinander - dem Bodengrund entgegen. Es ist wahrscheinlich, daß der plötzliche Druckunterschied eine wichtige Rolle zum Zeitpunkt der Abgabe der Geschlechtsprodukte spielt. Durch den hervorgerufenen schnellen Wechsel des Wasserdrucks, öffnet sich die Geschlechtspapille des Weibchens vor allem dadurch, daß die Luftblase rasch geweitet wird. Ein Vorgang der bei allen Freilaichern vonstatten geht. Die Eier werden förmlich herausgepreßt. Nach dem gleichen Prinzip erfolgt die Spermaabgabe des Männchens.
Daß dieser Druckunterschied einer jener Faktoren ist, der die Abgabe der Fortpflanzungsprodukte im Ozean beeinflußt, ist allgemein anerkannt, aber es werden weitere Regelmechanismen gefordert. Die Aquarienhöhe läßt keine nennenswerte Druckunterschiede zu und trotzdem findet ein erfolgreiches Ablaichen statt. Dies zeigt ein Beispiel bei *Zebrasoma scopas*. In dem hier vorliegenden Fall mißt die Aquarienhöhe rund 50 cm. Eingeleitet wird die Eiabgabe bei den beiden Segel-Seebadern in diesem Aquarium - neben der sich verändernden Körperfärbung - durch eine farbli-

che Veränderung der Iris. Die Tiere schießen immer wieder, gleich einem Pfeil, zur Wasseroberfläche. Nach mehreren Scheinlaichvorgängen werden endlich die Geschlechtsprodukte abgegeben. Daß das Ablaichen bei Doktorfischen im Aquarium für andere Fische gefährlich werden kann, mußten diese dadurch erfahren, daß sie durch die Skalpelle der Doktorfische förmlich aufgeschlitzt wurden, wenn sie nicht mehr rechtzeitig ausweichen konnten. Dies war für die Mitbewohner gar nicht einfach, da die beiden Segelf oßler wie von Sinnen durch das Aquarium stoben. Das beschriebene Verhalten ereignete sich bei E. Thaler im Juli 1996.

Neben dem paarweisen Ablaichen wird von einigen Acanthuriden über ein Ablaichen in der Gruppe berichtet. Ein derartiges Ablaichen erfolgt an strömungsexponierten Stellen. Die laichbereiten Doktorfische nähern sich dabei rasch der Wasseroberfläche. Wie auf ein unsichtbares Signal hin - wahrscheinlich durch chemische Reize induziert - erfolgt ein gemeinschaftliches Ablaichen. Ein solches Gruppenlaichen wurde bei *Acanthurus triostegus* und *Ctenochaetus striatus* beobachtet.

Eine Kombination aus Paar- und Gruppenlaichen wurde bei *Zebrasoma flavescens* dokumentiert. Warum diese Art einmal als Gruppenlaicher und mal als ablaichendes Paar beobachtet wurde, das konnte bislang nicht eindeutig geklärt werden. Es ist aber anzunehmen, daß die Populationsdichte dabei eine entscheidende Rolle spielen muß.

Bei Doktorfischen werden pro Laichvorgang und laichbereitem Weibchen - rund vierzig - bis fünfzigtausend Eier abgesetzt.

Die transparenten Eier selbst messen eine Größe zwischen 600 und 700 Mikrometern. Innerhalb von 26 Stunden schlüpfen die etwa 1,5 mm langen Larven. Dabei ist der verhältnismäßig große Dottersack auffallend, auf dem die Larve praktisch aufliegt. Etwa fünf Stunden nach dem Schlupf beginnt der erste Herzschlag. In den folgenden zwei Tagen wird der Dottersack allmählich aufgebraucht. Die Pigmentierung der Augen beginnt und langsam werden die Schwanz- und Brustflossen ausgebildet. Mit Ende des vierten Tages sind die Kiefer und der Magen-Darmtrakt entwickelt. Ebenfalls ausgebildet sind die Brustflossen und der kräftige, bewegliche Schwanz. Beides dient der Fortbewegung.

Die Larve kann mit der aktiven Nahrungsaufnahme beginnen. Zu diesem Zeitpunkt mißt die Larve etwa drei Millimeter.

Eine Besonderheit bei diesen Larven tritt in einem späteren Stadium ihrer Entwicklung auf. Sobald sich aus dem stäbchenförmigen Organismus eine sogenannte Acromirus-Larve entwickelt hat. Dieses Entwicklungsstadium findet man vor allem in Ebbetümpeln und im Flachwasser, welches nach etwa zwei bis drei Monaten nach dem Schlupf der Fall ist. Diese Larvenform ist scheibenförmig, transparent und schuppenlos. Außerdem besitzen sie lange Stacheln die mit Giftdrüsen versehen sind. Eine wehrhafte Einrichtung gegen Freßfeinde, aus der zu einem späteren Entwicklungszeitpunkt die After- und Brustflossen werden (Luty 1996).

Zur Familie Acanthuridae verwendete Literatur:

Baensch, H. A. & Debelius, H. 1992; Frische, J. 1992; Luty, A. 1996; Thaler, E. 1997; Tresher, R. E. 1984

Die Familie Callionymidae

Das Ritual der Balz wird dadurch eingeleitet, daß sich das Männchen mit hüpfenden Bewegungen dem Geschlechtspartner nähert oder aber diesen vehement verfolgt. Dabei wird der erste Rückenflossenstrahl aufrecht gestellt. Zunächst nimmt das Weibchen keine Notiz von ihrem Verehrer. Da dieser aber nicht so schnell aufgibt und jetzt mit einer Intensivierung der Färbung (Imponierfärbung) aufwartet, erwiedert das Weibchen die Balzzeremonie und verweilt in einem kleinen abgegrenzten Bereich des männlichen Reviers. Die Aktivitäten des Männchens nehmen zu. Das Weibchen hingegen wählt einen exponierten Standort (entspricht dem zentralen Ort des Reviers) aus. Dann schwimmen beide zur Wasseroberfläche, wobei es den Anschein hat, als hätte das Männchen seinen

Weibchen und Männchen von *Neosynchiropus ocellatus* steigen zur Abgabe der Fortpflanzungsprodukte auf.

Das gleiche Paar unmittelbar vor dem Ablaichakt.

Alle Fotos: Robert Brons

Einige Stunden altes, befruchtetes Ei von *Neosynchiropus ocellatus*.

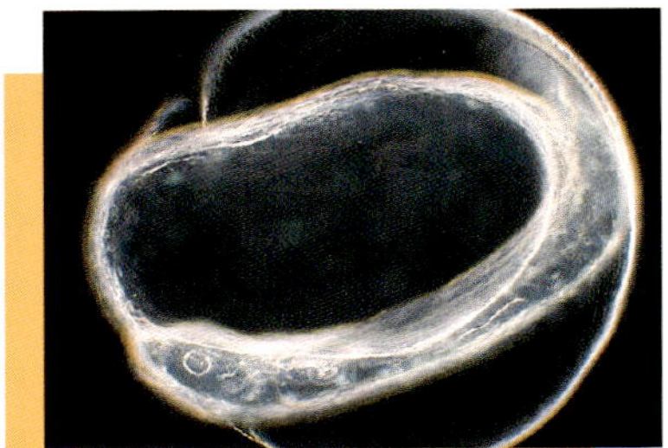

Frisch geschlüpfte Larve von *Neosynchiropus ocellatus*.

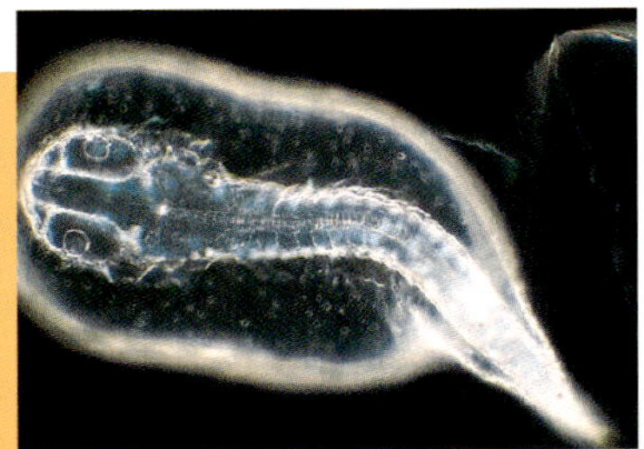

Ebenfalls gerade geschlüpfte Larve von *Neosynchiropus ocellatus*, jedoch in anderer Position.

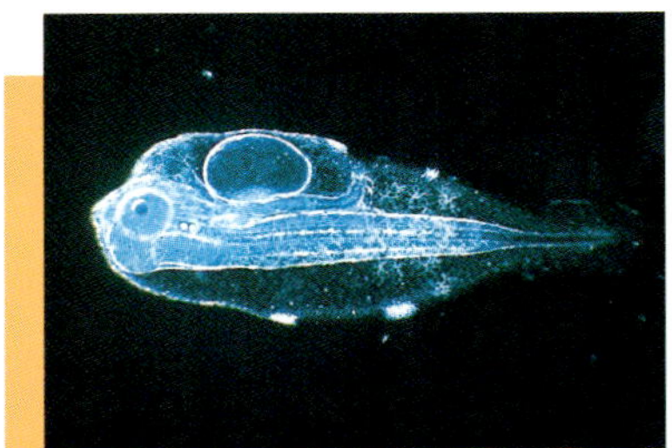

24 Stunden alte Larve von *Neosynchiropus ocellatus*.

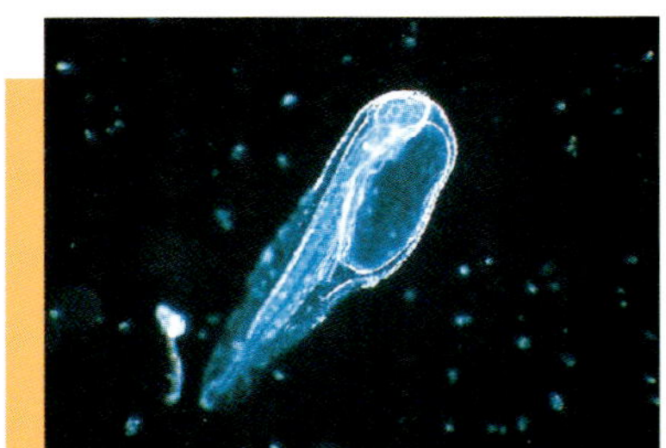

24 Stunden alte Larve von *Neosynchiropus ocellatus*, jedoch in anderer Position fotografiert.

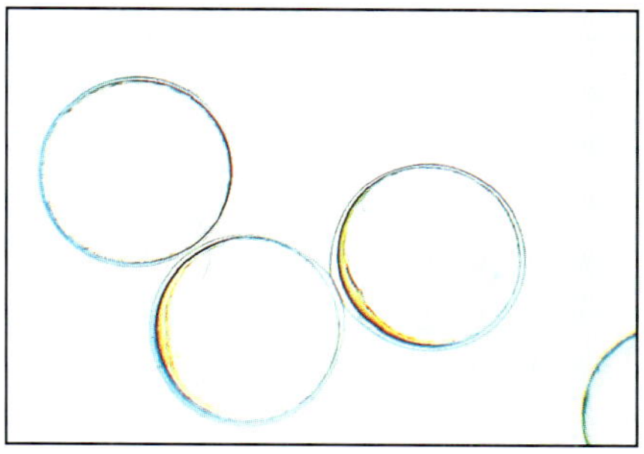

Links: Frisch abgelegte Eier von *Neosynchiropus ocellatus.*

Rechts: Die gleichen Eier nach der ersten Zellteilung.

Fotos: Robert Brons

Sexualpartner unter die Brustflosse geklemmt. Kurz vor dem Erreichen der Wasseroberfläche - in einem strömungsreichen Abschnitt - werden gleichzeitig Eier und Sperma abgesetzt.
Im Aquarium können mehrere Anläufe nötig sein, ehe das gewünschte Ablaichen, im Wasserstrahl einer Strömungspumpe, erfolgt. Das geglückte Ablaichen ist an einer kleinen weißen Wolke zu erkennen, die rasch von der Strömung verteilt wird. Nach der Abgabe der Fortpflanzungsprodukte lassen beide Tiere augenblicklich voneinander ab, um in entgegengesetzter Richtung wieder dem Bodengrund entgegenzuschwimmen.
Das Ablaichen erfolgt ganzjährig immer in den Abendstunden. Im Aquarium unter dem Schein der Blaubeleuchtung, wobei die Balz bereits einsetzt, wenn das künstlich geschaffene Riff noch voll beleuchtet ist. In der Regel wird ein bis zwei Mal pro Woche abgelaicht.
Die transparenten Eier messen rund 600 Mikrometer. Nach bisherigen Erkenntnissen fehlt ein Öltröpfchen. Die Membran der Eier ist netzähnlich strukturiert. Der Eidotter ist segmentiert. Offensichtlich entspricht das Gewicht der Eier dem der Salzdichte. Wie sonst können die Eier im Wasser schweben? Nach rund 21 Stunden schlüpft die Larve. Auf einem überdimensional großen Dottersack liegt die cirka 1,5 mm lange Larve auf. In den folgenden drei Tagen wird sie von der Strömung bewegt. Dann ist der Dottersack aufgezehrt. Es scheint aber noch einige Tage zu dauern, ehe die Larven das erste Mal aktiv nach Nahrung schnappen. Leider verliert sich mit dem aufgezehrten Dottersack auch die Spur der Larven. Sie taucht erst wieder auf, wenn die Larven knapp drei Millimeter messen. Bereits mit 5 mm ähnelt der Jungfisch seinen ihren Eltern.

Zur Familie Callionymidae verwendete Literatur:
Baensch, H. A. & Debelius, H. 1992; Frische, J. 1992; Tresher, R. E. 1984

Die Familie Chaetodontidae

So rätselhaft das Sozialverhalten der Falterfische ist, so unentschlüsselt ist auch ihr Sexualleben. Hier warten noch viele Geheimnisse auf ihre Lösung.
Nichts desto trotz gibt es einige Hinweise, welche das Paarungsverhalten betreffen. Hierbei soll das Männchen sich seinem Geschlechtspartner mit zusammengezogenen Schwanz-, After- und Rückenflossen nähern. Offensichtlich scheint es sich um eine Art Demutshaltung zu handeln, die vom Männchen durchgeführt wird, um nicht die Aggression des Partners auszulösen. Bei nicht geschlechtsreifen Schmetterlingsfischen ist dieses Verhalten - was häufig einem mit auf die Seite legen einhergeht - bei kleineren Exemplaren zu beobachten (Frische 1986). Dieses Verhalten spielt auch bei Kaiserfischen ein sehr wichtige Rolle, doch dazu später mehr.
Mit der beschriebenen Haltung nähert sich das Männchen dem Weibchen. Meist verfärben sich verschiedene Körperbereiche dunkelbraun bis schwarz. Gut zu sehen ist dies in den weißen Bereichen der Färbung. Des Weiteren ist ein Vibrieren des Körpers festzustellen. Bei diesem Akt der Balz werden alle Flossen abgespreizt.

Ist das Weibchen willig und laichbereit, dann nähert sich das Männchen seitlich oder von hinten und stößt sanft mit Stirn und Schnauze gegen die Geschlechtspapille. Durch dieses Verhalten wird das Weibchen in die richtige Position gedrückt. An der Spitze des Aufstiegs, die sich zehn bis 15 Meter über dem Untergrund befindet, erfolgt nach einigen Scheinlaichvorgängen die Abgabe der Fortpflanzungsprodukte - sichtbar an einer weißen Wolke.

Auf diese Weise werden bei einem Ablaichvorgang rund 20.000 Eier abgesetzt. Nach erfolgtem Ablaichvorgang kehren beide Geschlechtspartner in die schützende Rifflandschaft zurück. Das Ablaichen wird in der Dämmerung vollzogen.

Im Aquarium wurde bislang kaum einmal ein erfolgreiches Ablaichen von Falterfischen beobachtet. Dies wird sich sicherlich auch in Zukunft nicht ändern, da die meisten Falterfische Korallenfresser sind und deshalb - mehr oder weniger zurecht - nicht mit Blumentieren vergesellschaftet werden.

Nach TRESHER 1984 soll es allerdings bereits gelungen sein sowohl *Chelmon rostratus* als auch *Chaetodon kleini* im Aquarium zum Ablaichen zu bringen. Die geschlüpften Larven sollen nach diesen Angaben mit dem Beginn der Nahrungsaufnahme bereits so groß gewesen sein, daß ein Flüssigfutter angenommen wurde. Diese Aussage basiert auf einer Arbeit von FRANK 1975.

Die andere Beobachtung basiert auf der Niederschrift von Konrad LORENZ.

Wissenschaftlich fundierte Angaben zum erfolgreichen Ablaichen von Falterfischen liegen lediglich von SUZUKI et al. bei *Chaetodon nippon* vor.

Ob alle drei Beobachtungen reproduzierbar sind oder auf einer Zufallserscheinung basieren ist im Augenblick belanglos. Die Aussage des erfolgreichen Ablaichens im Aquarium belegt, daß dies keine Wunschvorstellung, sondern tatsächlich möglich ist.

Vor wenigen Jahren wurde die überraschende Entdeckung gemacht, daß viele Falterfischlarven und auch Jungfalterfische in den Brackwasserbereichen der Mangroven leben. Wissenschaftler vermuten hier viele pelagische Korallenfischlarven, die im Schutz der Wurzeln ihre Metamorphose zum fertigen Jungfisch vollziehen. Dabei kommt den Larven vor allen Dingen der Nahrungsreichtum zu gute.

Zurück zu den frischabgelegten, transparenten Eiern der Falterfische.

Diese messen etwa 600 bis 700 Mikrometer.

Je nach Wassertemperatur schlüpfen die Larven nach etwa 30 Stunden. Die Larve selbst mißt kaum mehr als 1,5 mm. Nach zwei Tagen ist der Dottersack aufgezehrt. Es dauert weitere 24 Stunden, bis das Maul und der Anus geöffnet ist, so daß mit der aktiven Nahrungsaufnahme begonnen werden kann. Zur gleichen Zeit sind die Augen pigmentiert und die zur Fortbewegung notwendigen Körperteile. Die Larve mißt jetzt etwa viereinhalb Millimeter.

Zur Familie Chaetodontidae verwendete Literatur:

ALLEN, G. R., 1979; FRISCHE, J. & LISSNER, C., 1990; STEENE, R. C., 1977; TRESHER, R. E., 1984

Die Familie Cirrhitidae

Weniger spektakulär und aufsehenerregend vollzieht sich die Ablaichzeremonie der Büschelbarsche. Ohne Schwimmblase ausgestattet, können sich die Fische keine aufwendige, Energie zehrende Balz im freien Wasser erlauben.

In den Abendstunden postiert sich das Männchen auf einem erhöhten Ansitz innerhalb seines Reviers. Es dauert nicht lange, und das ranghöchste laichbereite Weibchen schwimmt, leicht nach hinten versetzt, an die Seite des Gruppenführers.

Dann schwimmt das Weibchen - einem unsichtbaren Signal folgend - in das freie Wasser, wo sogleich das Männchen mit seiner Schnauze den Genitalbereich des weiblichen Artgenossen berührt. Nun steigen beide Fische knapp einen Meter auf, um dann die Fortpflanzungsprodukte ins Wasser abzugeben. Während das Männchen sich das nächste laichbereite Weibchen aus seiner Gruppe sucht, schwimmt das Weib-

chen, das bereits abgelaicht hat, in einen anderen Bereich des männlichen Territoriums zurück. Im Aquarium kann das Ablaichen mehrere Anläufe benötigen, da die Mindesthöhe von gut einem Meter nur selten zur Verfügung steht. Es ist wahrscheinlich, daß die Scheinlaichgänge dazu dienen, die Geschlechtspapille des Weibchens zu öffnen und den synchronisierten Akt der Laichabgabe einzuüben. Beobachtungen zum Laichvorgang im Aquarium wurden unter anderem bei *Paracirrhites arcatus* gemacht (Frische 1994). Interessant ist dabei, daß die abgegebenen Eier als kleine Pakete abgesetzt werden und nicht einzeln, wie vielfach angenommen. Das Ablegen von Eipaketen habe ich inzwischen bei vielen pelagischen Laichern festgestellt, so daß ich annehmen möchte, daß es relativ selten ist, daß einzelne Eier freigegeben werden.
Die Eier von *Paracirrhites arcatus* wurden in einem drei- bis viertägigem Turnus im Schein der Blaubeleuchtung - kurz vor dem Erlöschen - abgegeben. Die Eier selbst messen zwischen 500 und 1000 µm und sind durchsichtig. Die Larven schlüpfen nach etwa 24 Stunden und sind mit einem riesigen Dottersack ausgestattet. Mit etwa sieben Tagen - gerechnet nach Schlupf - ist die Larve soweit entwickelt, daß sie sich fortbewegen und Nahrung zu sich nehmen kann. Sie mißt zu diesem Zeitpunkt knapp 3 mm. Leider sind weitere Details nicht bekannt.

Zur Familie Cirrhitidae verwendete Literatur:
Baensch, H. A. & Debelius, H., 1992; Frische, J., 1992, 1993; Tresher, R. E., 1984

Die Familie Labridae

Die meisten Lippfische - die wir pflegen - laichen das gesamte Jahr hindurch ab. Die Balzaktivitäten leitet das Männchen ein. Es sei darauf hingewiesen, daß das Ablaichen in den Abendstunden nicht für alle Arten von Lippfischen zwingend ist. Es gibt eine ganze Reihe unter ihnen, die in den frühen Morgenstunden oder sogar in den frühen Nachmittagsstunden ablaichen.
Im Folgenden wird das Balzverhalten von *Labroides dimidiatus* nach meinen Beobachtungen (Frische 1987) ausführlich beschrieben. Dieses Verhalten ist bei Lippfischen nicht generell typisch - zu viele Varianten sind zu beobachten.
Das Männchen wählt sich zunächst das dominierende Weibchen seiner Gruppe aus (sofern eine Gruppe im Aquarium gepflegt wird). Mit wip-

Kurz bevor die paarungsbereiten *Oxycirrhites typus* zur Wasseroberfläche schwimmen, um ihre Fortpflanzungsprodukte abzugeben, setzt sich das Männchen dicht neben das Weibchen.
Foto: Prof. E. Thaler

Einige Balzfrequenzen bei *Labroides dimidiatus*. Der Beginn der Balz ist daran erkennbar, daß sich der vordere Bereich des weiblichen Körpers bräunlich verfärbt.

Beide Geschlechter beginnen mit der S-förmigen Bewegung des Schwanzes. Ein Ablaichen steht kurz bevor.

penden Bewegungen und einer Intensivierung der Färbung nähert sich der Gruppenleiter seiner Partnerin; diese ist zunächst völlig desinteressiert.

Das vorgetäuschte Desinteresse nutzt ein anderes Weibchen in der Gruppe aus, um nun ihrerseits auf die Balzbemühungen des Männchens einzugehen. Dabei ist es bei vielen Arten auch üblich, daß die Weibchen eine charakteristische Balzkolorierung anlegen.

Durch das Interesse des untergeordneten weiblichen Artgenossen aufmerksam geworden, übernimmt nun wieder das ranghöchste Weibchen die dominierende Funktion des Geschlechtspartners. Der andere Artgenosse - weiblichen Geschlechts - wird verjagt. Befinden sich in der Gruppe paarungsbereite Primärmännchen (bei Putzerfischen nicht der Fall) können auch hier Balzaktivitäten ausgelöst werden.

Das Interesse des Männchens an dem dominierenden Weibchen wird dadurch gesteigert, indem das Weibchen den Schwanz S-förmig zur Seite dreht und dem Männchen die leicht gedehnte Geschlechtspapille Männchen zuwendet. Ob es sich hier um ein der Balz zuzuordnendes Verhalten handelt, oder um eine Geste der Besänftigung ist unbekannt.

Mit den bislang geschilderten Laichvorbereitungen wird gleichzeitig ein markanter Standort ausgewählt. Beispielsweise eine große Steinkoralle innerhalb des Reviers der Lippfische. Hier treffen sich die beiden Sexualpartner immer wieder um die Balzaktivitäten weiter voranzutreiben. Nach

etwa einer Stunde erfolgt das Ablaichen. Dabei schwimmen beide Partner synchron aufeinander zu und jagen gemeinsam in Richtung Wasseroberfläche. Zu Beginn des Aufstiegs kann sich das Männchen in der Flanke des Weibchens vorsichtig verbeißen. Am höchsten Punkt des Aufstiegs werden die Fortpflanzungsprodukte abgegeben. Befinden sich in der Gruppe mehrere balzfreudige Paare kann es zu einem kollektiven Ablaichen aller Gruppenmitglieder kommen.
Nach der Abgabe der Geschlechtsprodukte hetzen beide Partner in unterschiedliche Richtungen auseinander.
Der hier geschilderte Vorgang wurde im Aquarium beobachtet. Während in der freien Natur meist nur ein Anlauf zur erfolgreichen Abgabe der Fortpflanzungsprodukte erfolgt, sind im Aquarium mehrere Anläufe nötig, bis eine synchrone Abgabe von Eiern und Spermien erfolgt. Die Ei- und Spermawolke wird bevorzugt in die Strömung abgesetzt.
Je nach Art schwankt die Größe der transparenten Eier erheblich. So kann pauschal mit einem Eidurchmesser zwischen 0,5 und 1,2 mm gerechnet werden.
Je nach Wassertemperatur schlüpfen nach rund 24 Stunden die pelagischen Larven. Versehen mit einem großen Dottersack, auf dem der Schlüpfling in Abhängigkeit von der Art mit einer Länge von 1,1 bis 2,8 mm aufliegt.
Leider fehlen weitere Angaben zur Larvenentwicklung. Doch ist anzunehmen, daß in den folgenden drei Tagen der Dottersack aufgebraucht wird. Weitere zwei Tage kann es dauern, bis die Augen pigmentiert sind und der Fortbewegungsapparat sowie die Verdauungsorgane ihre Funktion aufnehmen. So dürfte die Larve mit einem Alter von fünf bis sechs Tagen nach dem Schlupf mit der Nahrungsaufnahme beginnen.

Zur Familie Labridae verwendete Literatur:
Baensch, H. A. & Debelius, H. 1992; Frische, J. 1992; Pawlowsky, E. 1994; Tresher, R. E. 1984

Die Familie Malacanthidae

Leider leben Torpedobarsche in recht großen Tiefen, was eine Beobachtung ihres Fortpflanzungsverhaltens sehr erschwert. Dem kommt noch erschwerend hinzu, daß es sehr versteckt lebende Fische sind, die schon bei geringer Störung den Aufenthalt in ihrem Unterschlupf vorziehen. Wenigen Angaben zu Folge sollen aber die Männchen ihren Geschlechtspartner durch wippende Bewegungen auf sich aufmerksam machen. Eine typische Balzfärbung wurde bislang nicht beschrieben. Die Balz selbst dauert nicht lange und nach kurzer Zeit werden pelagische Eier ins Wasser abgegeben. Dabei steigen die laichbereiten Fische empor, um am höchsten Punkt des Aufstiegs ihre Fortpflanzungsprodukte abzugeben. Die Eier durchmessen zwischen 0,6 und 0,8 Millimeter. Weitere Angaben fehlen.
Werden die Torpedobarsche im Aquarium gepflegt, dann sieht sich der Aquarianer der Problematik gegenüber, daß die Fische sehr schreckhaft sind und über kurz oder lang das künstliche Riff per Sprung verlassen. Eventuell ist auch die mangelhafte Höhe eines Aquariums - im Vergleich zur Natur - ein fehlender Auslöser, um die Zeremonie des Ablaichvorgangs zu aktivieren. Fakt ist derzeit, daß wir über diese Fischfamilie viel zu wenig wissen, als daß wir sie zum Ablaichen bringen könnten. Hier gibt es noch viel zu tun.

Zur Familie Malacanthidae verwendete Literatur:
Tresher, R. E. 1984

Die Familie Pomacanthidae

So unterschiedlich die Kaiserfischgattungen in ihrem Sozialverhalten sind, so unterschiedlich sind sie in ihrem Balz- und Ablaichverhalten.
Für die Riffaquaristik sicher am attraktivsten sind die Zwergkaiserfische. Nicht nur wegen ihrer häufig geringen Größe sondern auch deshalb, weil die Centropygen bei guter Pflege mit dem Erreichen der Geschlechtsreife mit dem Ablaichen beginnen. In der Natur wie im Aquarium beginnt die Balz in

Balzfärbung von *Centropyge acanthops*. Die Farbe des blauen Körperflecks ist stark verblaßt.

Ebenfalls typisch für die Balz bei Zwergkaiserfischen ist das Abknicken des Körpers.

den Abendstunden. Mit abgehackten sinuskurvenartigen Bewegungen nähert sich das Männchen seinem Geschlechtspartner. Kurz vor diesem stellt er sich quer und spreizt alle Flossen ab. Dann verschwindet er in der Dekoration um nach kurzer Zeit erneut zu starten. Während dieser Phase beginnt bei vielen Zwergkaiserfischmännchen eine Farbveränderung. Das Blau bei *Centropyge acanthops* verfärbt sich beispielsweise in ein hellblau oder sogar grau.
Die Balzzeremonie dauert etwa eine Stunde. Dann begibt sich das Männchen unter den Bauch des weiblichen Artgenossen, um seine Geschlechtspapille vorsichtig mit der Schnauze und der vorderen Stirn zu berühren. Nun steigen beide auf, um am höchsten Punkt die Fortpflanzungsprodukte ins Wasser abzugeben. Während des Aufstiegs ändert das Männchen die Position und begibt sich zur Flanke des Weibchens - stets Körperkontakt haltend.
Im Aquarium bedarf es meist mehrerer Anläufe, ehe das angestrebte Ablaichen erfolgt. Sowohl die Eier als auch das Sperma werden in den Strömungsbereich einer Pumpe abgegeben, der für eine schnelle Verwirbelung sorgt. Interessant ist bei der Beobachtung im Aquarium, daß das Ablaichen immer an der gleichen Stelle erfolgt. Prädestiniert sind Laichplätze mit starken Turbulenzen.
Und noch etwas ist erwähnenswert: Mangelt es einem dominierenden Zwergkaiser an einem Partner, dann hat dieser keine Problem damit, sich des Weibchens eines anderen Zwergkaiserfischs zu

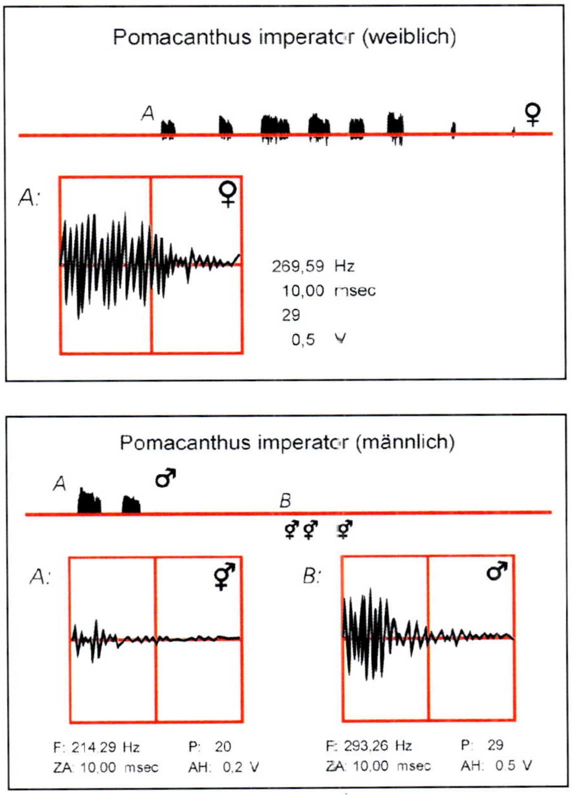

Ein Mikrophon und anschließend erstelltes Sonagramm bringt es an den Tag: Die Laute der Kaiserfische - auch von Männchen und Weibchen - sind unterschiedlich in ihrer Frequenz. Hier Männchen und Weibchen von *Pomacanthus imperator*. Nur schwach zu erkennen sind die Knacklaute eines jungen *P. imperator*.

bedienen. In diesem konkreten Fall geschah dies mit einer *Centropyge acanthops* und einer *Centropyge flavicauda*. Beide Zwergkaiserfische sind einander sehr eng verwandt. Der *C. acanthops* einst selbst weiblichen Geschlechts, wechselte nach dem Tod des Männchens das Geschlecht. Da ein Sexualpartner fehlte, begann - jetzt er - damit, das Weibchen des *Centropyge flavicauda*-Paars anzubalzen. Da das *Centropyge flavicauda*-Männchen dem Vetter körperlich unterlegen war, zog sich dieser zurück und fortan begannen die beiden unterschiedlichen Arten miteinander abzulaichen. Inzwischen konnte ich beobachten, daß auch der männliche *Centropyge flavicauda* zu Ablaichzwecken herangezogen wird - wenn das weibliche Tier eine Pause einlegt. Doch konnte bis heute noch keine weiße Spermawolke beobachtet werden. Diese Beobachtungen unterstreichen noch einmal die Aussagen zum Geschlechtswechsel.

Ein ganz anderes Balzmuster zeigen Großkaiserfische. Da hier die weiblichen Tiere vielfach ihre eigenen Reviere im Territorium des Männchens haben, muß sich dieser den Weibchen offenbaren. Dies erfolgt in einer Art Demutshaltung. Dabei werden die Schwanz-, After- und Rückenflosse zusammengefaltet. Er nähert sich in halbschräger Lage dem Sexualpartner. Dabei werden gut hörbare Laute erzeugt, die das Weibchen erwiedert. Untersuchungen haben gezeigt, daß die Frequenz dieser Laute sowohl bei Männchen und Weibchen, als sowohl auch bei den Jungtieren unterschiedlich ist (FRISCHE 1985, 1992). Es sei aber erwähnt, daß es sich nicht um spezielle „Sexuallaute“ handelt. Vielmehr werden diese akustischen Signale bei Aggressionssituationen eingesetzt. Die Annäherung des Männchens ist zu-

Nicht nur im Aquarium kommt es zu Fehlpaarungen, auch in der Natur können immer wieder Hybriden gesichtet werden. Hier ein Zwergkaiserfisch der aus dem Paarungsakt eines *Centropyge eibli* x *Centropyge flavissimus* resultieren könnte. Oder handelt es sich am Ende um eine Farbvariante?
Foto: R. Steene

Praktizierte Demutshaltung seitens des männlichen *Pomacanthus imperator*. Es werden Schwanz-, Anal- und Rückenflosse zusammengezogen.

nächst erst einmal eine solche Situation, aus der - zu einem späteren Zeitpunkt - die Balz entstehen kann.

Die Lauterzeugung erfolgt mit einer funktionellen Rippe, die durch Kontraktion von Muskelfasern auf die Schwimmblase geschlagen wird. Gleich einer Trommel dient die Schwimmblase als Resonanzboden, wodurch die dumpfen, gut hörbaren Laute erzeugt werden (Frische 1985, 1992).

Weiterhin kann beobachtet werden, daß sich helle Farbbereiche - bei *Pomacanthus imperator* beispielsweise die weiße Maske - dunkel verfärben (Frische 1985, 1992).

Zum Aggressionsabbau geeignet sind Spiegel. Hierbei kämpfen territorial lebende Fische gegen ihr eigenes Spiegelbild.

Balzsequenz bei dem Fahnenbarsch *Pseudanthias squamipinnis.*

Das geschilderte Verhalten beginnt mit der Lichtabnahme. Ist das Weibchen zur Eiablage bereit, dann begibt sich das Männchen in den freien Schwimmraum und erwartet die Ankunft des weiblichen Artgenossen. Dabei werden die Flossen abgespreizt und ein Zittern durchläuft den Körper des Männchens. Dann erfolgt auch hier das Abtauchen, um an die weibliche Genitalpapille zu gelangen. Während des Aufstiegs verlagert sich die Position des Männchens an die Flanke des Weibchens. Am höchsten Punkt des Aufstiegs erfolgt die Abgabe von Sperma und Eiern. Während die beiden Fische getrennt zum Bodengrund schwimmen, begibt sie sich in ihr Revier, während er sich zur nächsten Partnerin aufmacht, sofern ein Gruppenleben vorhanden ist.

Bei den meisten anderen Kaiserfischen, die hier nicht konkret beschrieben wurden, gleicht sich das Bild der hier beschriebenen Balz. Auch bei den Lyrakaiserfischen, die ja die Sozialstruktur einer Gruppe inne haben, aber paarweise ablaichen.
Vor einigen Jahren galt es als unmöglich, Großkaiserfische im Aquarium zum Ablaichen zu bewegen. Grund dafür war unter anderem die Höhe von gut elf Metern die während des Aufstiegs zurückgelegt wird. Die dabei stattfindende rasche Druckabnahme führt zu einer Erweiterung der Genitalpapillen beider Geschlechter.
Inzwischen gibt es aber einen sensationellen Bericht eines amerikanischen Vivariums, aus dem hervorgeht, daß das erfolgreiche Ablaichen bei *Pomacanthus paru* im Aquarium gelungen sei.

Leider fehlen bis heute weitere Details, die das Ereignis näher beschreiben.
Die Anzahl der abgesetzten Eier ist von der Art abhängig und liegt bei einigen tausend Stück. Die durchsichtigen Eier variieren in der Größe in Abhängigkeit von der Gattung.

Centropyge	**600 - 680 µm**
Genicanthus	**750 - 800 µm**
Holacanthus	**650 - 850 µm**
***Chaetodontoplus* und**	
Apolemichthys	**820 - 880 µm**
Pomacanthus	**rund 900 µm**

In Abhängigkeit von der Wassertemperatur schlüpfen die Larven bereits nach 15 bis 20 Stunden. Der Schlüpfling gleicht den anderen pelagisch lebenden Larven. So mißt die Länge knapp unter zwei Millimeter. Er sitzt auf einem riesigen, mit einem Öltröpfchen versehenen Dottersack, der in den folgenden zwei bis drei Tagen als Nahrungsquelle dient.
Dann sind die Augen pigmentiert und der Magen-Darmtrakt ist ebenso entwickelt wie die Flossen die zur Fortbewegung nötig sind. Die aktive Nahrungsaufnahme beginnt etwa drei bis vier Tage nach dem Schlupf. Zu diesem Zeitpunkt mißt die Larve runde 3 mm.

Zur Familie Pomacanthidae verwendete Literatur:
Frische, J. 1997, 1998; Frische, J. & Lissner, C. 1992; Tresher, R. E. 1984

Die Familie Serranidae

Die meisten Fahnenbarsche der indopazifischen Lebensräume laichen während des gesamten Jahres ab. Die Arten des Roten Meeres hingegen laichen in saisonaler Abhängigkeit.
Die Balz, die stets in der Dämmerung vollzogen wird, beginnt dadurch, daß das Männchen sich mit heftigen Zick-Zack-Bewegungen dem Weib-

Das Balz- und Ablaichverhalten von Fahnenbarschen ist im Aquarium bereits vielfach beobachtet worden.
Foto: M.-P. & C. Piednoir

chen nähert. Dann schwimmt der Fisch ein großes, auf den Kopf gestelltes „U", das in rund zwei Metern über dem Bodengrund seinen höchsten Punkt erreicht. Am Ende des Bogens - unmittelbar vor dem Weibchen - spreizt das Männchen alle Flossen ab, dabei wird die Körperfärbung kräftiger, wobei mitunter sogar dunkle Flecken auftreten. Dann wiederholt sich der Ablauf bis am Ende das Weibchen synchron mit dem Männchen in die Höhe schnellt, um die Fortpflanzungsprodukte am höchsten Punkt des Aufstiegs abzugeben.

Das geschilderte Verhalten läßt sich sehr gut im Aquarium beobachten, denn geschlechtsreife Fahnenbarsche laichen gern und willig im Aquarium ab. Beschriebenes Balzverhalten trifft beispielsweise auf *Pseudanthias squamipinnis* und *Pseudanthias dispar* zu.

Andere Fahnenbarsche wie beispielsweise *Pseudanthias tuca* oder *Pseudanthias randalli* laichen nach einem anderen Muster ab.

Die Größe der abgegebenen Eier schwankt zwischen 0,7 und 0,8 mm. Bereits nach etwa 16 Stunden schlüpft die Larve. Mit einem großen Dottersack versehen treibt der Schlüpfling ohne Eigenbewegung knapp unter der Wasseroberfläche. Die Larven messen zu diesem Zeitpunkt etwa 1,2 bis 1,5 mm. Die Entwicklung aller Organe, die zur aktiven Nahrungsaufnahme nötig sind, sind drei Tage später voll entwickelt. Die Larve kann mit der Nahrungsaufnahme beginnen.

Zur Familie Serranidae verwendete Literatur:

THALER, E. 1995; TRESHER, R. E. 1984

Substratlaicher

Damit der Leser einen Überblick erhält, welche für die Riffaquaristik interessanten Arten dieser Form des Ablaichens nachgehen, werden nachfolgend - wie im Kapitel zuvor - die dafür in Betracht kommenden Familien abermals genannt und beschrieben. Das Augenmerk dieser Beschreibungen richtet sich nun auf das Ablaichverhalten sowie der Ei- und Larvengröße.

Wie der Name Substratlaicher bereits beinhaltet, handelt es sich um Fische, die ihre Eier an einen Gegenstand heften. Die Eier von Substratlaichern sind grundsätzlich schwerer als Wasser.

Die Dauer der Bewachung ist uneinheitlich. Die Larvenentwicklung ist entscheidend von der Temperatur abhängig. So können die Larven nach nur 24 Stunden schlüpfen oder drei Wochen in der Obhut der Eltern reifen.

Je nach Brutdauer sind die Larven mehr oder weniger weit entwickelt. Daraus resultiert die Frage, wann mit der Fütterung begonnen werden muß. Larven ohne pigmentierte Augen oder voll entwickelten Magen- und Darmtrakt zehren zunächst noch von ihrem Dottersack. Andere Larven sind bereits soweit entwickelt, daß eine sofortige Fütterung erfolgen kann. Doch dazu später mehr.

Zunächst ist noch eine wesentliche Voraussetzung anzusprechen, die erfüllt sein muß, damit ein Ablaichen der Fische überhaupt erfolgen kann. Es ist der Vitalzustand, der vor allen Dingen durch die Fütterung beeinflußt wird.

Es ist einleuchtend, daß unterernährte Fische nicht balzen, da ihnen die nötige Energie fehlt. So kommt es in vielen Riffaquarien vor, daß die Fische - als schmükkendes Beiwerk gehalten - niemals ablaichen werden, da auf Wasserparameter ein größerer Wert gelegt wird, als auf den Gesundheitszustand der Fische. Fische - die hungern - können nicht ablaichen, da das eigene Überleben vor die Sexualität gestellt wird. Wir haben schon darüber im Kapitel Verpaarung gesprochen.

Sicher - zu hohe Wasserbelastungen schädigen die Blumentiere - eine Entwicklung, die ebenfalls unerwünscht ist. Die Kunst besteht darin, beides in Einklang zu bringen - gesunde, gutgenährte Fische und gute Wasserqualität, was beinahe gleichbedeutend mit gesunden Korallen ist. Wie dies möglich ist, haben THALER (1997) und FRISCHE (1997) unter dem Schlagwort „Fischpolemik" beschrieben. Im Buch „Ihr Hobby Das funktionie-

Amphiprion ocellaris zählt nicht nur zu den beliebten Meerwasserfischen, er ist auch jener, dessen Aufzucht mit als erstes gelang. Nicht zu letzt deshalb, weil Anemonenfische ihre Eier über acht bis zehn Tage bewachen, ehe daraus dann die recht großen Larven schlüpfen.
Foto: Robert Brons

rende Meerwasseraquarium" kann außerdem nachgelesen werden, wie ein unerwünschter Anstieg der Phosphat- und Nitratwerte auch bei reichlicher Fütterung verhindert werden kann. Damit die Weibchen Eier ansetzen können, ist eine eiweißhaltige Kost nötig. In Form von *Cyclops*, Fischrogen und Hummereiern wird diesem Bedürfnis entsprochen. Wer jetzt noch regelmäßig Krill, Tintenfischstückchen und gehacktes Muschelfleisch mit Weißen Mückenlarven, Salinenkrebschen, lebenden Artemien und hin und wieder Fischfleischstückchen verfüttert, der bietet nicht nur eine abwechslungsreiche Kost an, sondern hat auch den Grundstein dafür gesetzt, daß seine artgerecht gepflegten Fische mit dem Erreichen der Geschlechtsreife ablaichen werden.

Die Familie Blenniidae

Abgesehen von wenigen, für die Aquaristik uninteressanten Arten sind Schleimfische Ganzjahreslaicher. Wird das von uns gehegte Paar geschlechtsreif, dann beginnt alsbald die erste Balz, der schließlich die Eiablage erfolgt. Die Zeiträume zwischen den einzelnen Ablagen variieren. Doch haben Beobachtungen gezeigt, daß etwa 14 bis 21 Tage zwischen jedem Ablaichakt liegen.
Sowohl für die bodenbewohnenden als auch für die freischwimmenden Schleimfische sind Wohnröhren als Unterschlupf typisch. In die Behausungen der männlichen Blenniiden werden die Eier abgelegt. Doch nur die balzfreudigsten Männchen werden ihren weiblichen Artgenossen dazu bringen können, in den Unterschlupf zu folgen.
Bevor die Balz eingleitet wird, wird der zukünftige Platz für die Eier vorbereitet. Dazu bedient sich das Männchen seines Raspelgebisses und reinigt den Ort - häufig die Höhlendecke und die Wände - von Algen. Diese Vorbereitungen beanspruchen mehrere Stunden. Während dieser Zeit beginnt auch bei vielen Schleimfischen die Verfärbung in eine typische Balzmusterung. Den Anfang macht das Weibchen. Sie leitet die Balz dadurch ein, daß sie in das Revier des männlichen Artgenossen eindringt. Dabei trägt sie eine typische Balzfärbung die signalisiert, daß sie zur Eiablage bereit ist. Dies erfüllt auch den Zweck, daß das emsig arbeitende Männchen sie nicht als Eindringling verjagt. Fruchten die Annäherungsversuche des Weibchens, dann beginnt das Männchen ebenfalls damit eine typische Balzfärbung anzulegen. Bei *Atrosalarias fuscus* verfärbt sich die sonst schwarze Schwanzflosse in ein kräftiges rotorange und Teile des Körpers verblaßen (FRISCHE 1996). Bei *Ecsenius bicolor* entsteht eine typische weiße Zeichnung, die sich wesentlich von den sonst üblichen Zeichnungsmustern unterscheidet (WICKLER 1965). Mit sinuskurvenförmigen Bewegungen schwimmt das Männchen seinem weiblichen Artgenossen entgegen, die ihrerseits zunächst wieder das Revier des Männchens verläßt. Es muß nicht immer eine wippende Schwimmbewegung erfolgen, einige Blenniidenmännchen begnügen sich mit heftigen Auf- und Abbewegungen des Kopfs. Je intensiver dieses Nicken ausgeführt wird, desto interessanter wird das Männchen. Nicht selten erfolgt zusätzlich eine Verfärbung des Kopfs. Führt die Balz zum Erfolg, wird nach einiger Zeit das Weibchen dem Männchen in die Wohnröhre folgen. Auch dabei wird ein bestimmtes Verhaltensmuster eingehalten: Entweder schwimmt das Männchen direkt vor den Eingang seiner Höhle und verharrt hier, bis das Weibchen in den Bau geschwommen ist, oder aber das Männchen taucht zuerst in den Unterschlupf ein - gefolgt vom Weibchen. Dann wir von ihr zunächst der Ablaichplatz inspiziert. In aller Regel hat sie etwas zu bemängeln und verläßt den Bau kurzerhand wieder. Nacharbeiten seitens des Männchens sind erforderlich. Allmählich aber entspricht alles den Vorstellungen des weiblichen Fischs und die Eiablage beginnt.
Dazu werden die Eier von dem weiblichen Schleimfisch an die Decke der Behausung geheftet. Reicht der Platz nicht aus, so werden die Wände mit einbezogen. Je nach Größe des Unterschlupfs verweilt das Männchen vor dem Eingang und verschwindet gelegentlich in der Wohnröhre zur Besamung. Steht genügend Raum zur Verfügung, bleibt das Männchen die gesamte Zeit neben dem Weibchen.
Die Anzahl der Eier variiert stark und ist von der Lebensweise abhängig. Während benthisch le-

bende Blenniiden einige Hundert Eier ablegen, setzen freischwimmende Arten zwischen 100 und maximal 200 Eier ab. Ebenfalls unterschiedlich ist die Dauer der Ablage, die über wenige Minuten - einige Stunden - bis hin zu einem Tag und länger andauern kann.
Das Ende der Eiablage wird dadurch signalisiert, daß das Weibchen aus der Höhle und dem Revier vertrieben wird. Dies ist wichtig, denn das Weibchen entwickelt sich nach der Eiablage zu einem Nesträuber. Die Brutpflege obliegt ausschließlich dem Männchen.
Die Eier sind meist durchsichtig und haben eine Größe zwischen 0,5 und 1,0 mm. Je nach Wassertemperatur und Art erfolgt der Schlupf der Larven zwischen dem achten und vierzehnten Tag. Die Larven schlüpfen nachts - etwa 30 Minuten nach dem Erlöschen der Blautonröhre. Am Tag vor dem Schlüpfen beginnt das Männchen stündlich unruhiger zu werden. Bis zu diesem Zeitpunkt hat es fast ausschließlich in seiner Höhle gelebt, die Eier bewacht und sie stetig mit Frischwasser befächelt. Durch dieses Befächeln wird der Gasaustausch der Eier unterstützt.
Nur gelegentlich wurde die Behausung zur Nahrungsaufnahme verlassen. Die Äsung erfolgte stets in unmittelbarer Nähe der Bauöffnung.
Die Larven messen beim Schlupf - je nach Art - zwischen drei und vier Millimeter. Die Kiefer sind gut entwickelt und die Augen fertig pigmentiert. Ebenso sind Magen- und Darmtrakt funktionsfähig. Der Dottersack ist nahezu aufgezehrt. Eine starke Schwanzflosse und winzige Brustflossen sorgen für Antrieb und Steuerung. Die überwiegende Zahl aller Blenniidenlarven zeigen einen positiven Phototrophismus, was nichts anders heißt, als daß sie dem Licht entgegenschwimmen.
Die aktive Nahrungsaufnahme wird innerhalb der nächsten zwölf Stunden einsetzen, wobei lebendes tierisches und pflanzliches Plankton benötigt wird.
Nach etwa 20 Tagen beginnt die Umfärbung und nach weiteren zehn Tagen beginnt der junge Fisch ein für ihn typisches Leben auf dem Boden - sofern es sich nicht um einen freischwimmenden Blenniiden handelt.

Vor Kurzem wurde erstmalig über die gelungene Aufzucht von *Cryptocentrus cinctus* im Aquarium berichtet. Solche Erfolge geben Anlaß zu Optimismus.

Zur Familie Blenniidae verwendete Literatur:
FRISCHE, J. 1992, 1996; MARTIN, G. & ELLERSIEK, U. 1995; THALER, E. 1993; TRESHER, R. E. 1984; WICKLER, W. 1965

Die Familie Gobiidae

Über saisonale Laichvorgänge wurde nur von wenigen Grundeln berichtet, so bei *Gobiosoma oceanops*. Die Laichperiode reicht von Januar bis Mai. Das sind die kalten Monaten des Jahres. So ist es nötig, diesen Temperaturabfall zu simulieren, möchte man laichfähige Neongrundeln erhalten. Der Grund dieser begrenzten Ablaichzeit mag in der Planktondichte liegen, die erfahrungsgemäß in den kühleren Monaten höher ist.
In aller Regel aber sind jene Grundeln - die in den tropischen Korallenriffen beheimatet sind - Ganzjahreslaicher.
Die überwiegende Zahl aller Grundeln führt, nachdem die Geschlechtsreife erreicht ist, ein heterosexuelles Dasein. Anders als bei vielen Schleimfischen, leben die Grundeln immer zusammen. Dadurch entfällt vielfach die Suche nach einem laichbereiten Partner.

Wie alle Grundeln sind auch die Arten der Gattung *Gobiodon* Substratlaicher. Hier allerdings an einem etwas ungewöhnlichen Ort: Ein Männchen von *Gobiodon citrinus* bewacht sein Gelege, welches an den Fuß einer *Sarcophton*-Art gelegt wurde. Foto: Robert Brons

Das Ablaichverhalten wird mit dem Beginn des Nestbaus durch das Männchen eingeleitet. Dabei kann es bei einigen Arten - wie beispielsweise aus der Gattung *Gobiodon* - vorkommen, daß das Gewebe von Steinkorallen abgeschabt wird, damit die Eier auf das blanke Kalkskelett gesetzt werden können. Im Aquarium werden mitunter Stämme von Arten aus der Gattung *Sarcophyton* zur Eiablage herangezogen. Während der Säuberungsarbeit prüft das Männchen durch zitternde Bewegungen des Genitalbereichs, ob die Vorbereitungsarbeiten abgeschlossen sind oder fortgeführt werden müssen.

Während das Männchen ein Nest baut - sei es nun in der Wohnröhre oder im sicheren Schutz des Gewirrs aus Steinkorallenästen - ist beim Weibchen ein Anschwellen des ventralen Körperbereichs zu beobachten.

Das Ablaichen kann während des gesamten Tages erfolgen, wobei von vielen Arten die Morgenstunden bevorzugt werden. Da einer Reihe von Grundeln eine Schwimmblase fehlt, wird in einem solchen Fall die Zeremonie der Balz auf dem Substrat durchgeführt. Das Männchen hüpft immer wieder zu seinem weiblichen Artgenossen und motiviert diesen, ihm zu folgen. Dabei bewegt sich das Männchen zwischen Sexualpartner und Niststätte hin und her. Endlich folgt das Weibchen und prüft - durch Berühren mit der Genitalpapille und der Schwanzflosse - ob der Ablageort den Anforderungen entspricht. Während der Balz sollen einige Grundeln Laute von sich geben. In der Endphase der Balz stehen beide Fische häufig nebeneinander und führen zitternde Bewegungen mit ihren Körpern aus.

Die gesamte Balz dauert zwischen 30 Minuten und einer Stunde. Dann erfolgt das Ablaichen der transparenten oder farbigen Eier. Die Anzahl der Eier variiert je nach Art zwischen 400 bis 500. Eiablage und Samenspende erfolgt gleichzeitig. Dabei sind die Grundeln eng aneinander geschmiegt.

Der Intervall der Eiablage liegt bei zwei bis drei Wochen und ist von verschiedenen biologischen und physikalischen Faktoren abhängig.

Die Brutpflege übernimmt fast ausschließlich das Männchen, wobei das Weibchen auch weiterhin

in der Nähe des Geleges toleriert wird.
Bei einigen Arten soll die Brutpflege so erfolgen, daß ein Fisch in der Bruthöhle eingegraben wird und diese erst wieder kurz vor Schlupf der Larven geöffnet wird. Dieses Verhalten ist beispielsweise bei *Valenciennea strigata* beschrieben. Hier soll allerdings das Weibchen für die Pflege der Brut verantwortlich sein. Das Männchen übernimmt die Bewachung der verschlossenen Wohnhöhle (DEBELIUS 1986).
Je nach Art messen die Eier zwischen ein und vier Millimeter, und je nach Art schlüpfen die Larven im Zeitraum zwischen dem achten und vierzehnten Tag in Abhängigkeit von der Wassertemperatur. Die Larven messen in der Regel zwischen 3 und 4 mm. Die geschlüpften Larven haben pigmentierte Augen stark entwickelte Schwanz- und Brustflossen. Der Verdauungsapparat ist vollständig entwickelt. Der kleine Dottersack ist schnell aufgebraucht und so benötigen die Larven nach etwa zwölf Stunden die erste Nahrung. Die gut pigmentierten Augen verraten es schon - auch diese Larven sind positiv phototroph.

Zur Familie Gobiidae verwendete Literatur:
BAENSCH, H. A. & DEBELIUS, H. 1992; CHLUPATY, P. 1990; DEBELIUS, H. 1986; FRISCHE, J. 1992, 1996; EICHHOLZ, J. 1998; SCHRAMM, P. 1995; SEEHAUSEN, O. 1991; TRESHER, R. E. 1984

Die Familie Microdesmidae

Gleich der Familie Gobiidae heften auch die Pfeilgrundeln ihre Eier auf den Untergrund. Bis heute sind weder über die Balz noch über die Aufzucht fundierte Beobachtungen niedergeschrieben worden. Dies ist um so erstaunlicher, da viele Arten dieser Familie gern gepflegte Fische sind - aber scheinbar nur kurzzeitig, denn allzugern endet das Leben von Pfeilgrundeln nach kurzer Verweilzeit im Aquarium nach einem Sprung aus dem Wasser auf dem Fußboden.
Das Ablaichverhalten dürfte bei der Gattung *Nemateleotris* paarweise erfolgen.
Balzaktivitäten sind von *Ptereleotris zebra* beschrieben. Danach nähert sich das Männchen schräg von oben; dann schwimmt es unter den Bauch des weiblichen Fischs und berührt den Bereich der Geschlechtsöffnung sanft mit dem Maul. Schließlich erfolgt ein parallel koordiniertes Zusammenschwimmen beider Geschlechtspartner zur gemeinsamen Behausung, in der dann das Anheften der Eier erfolgt (BAENSCH & DEBELIUS 1992).
Weitere Beobachtungen zur Eipflege deuten auf eine Duldung des weiblichen Artgenossen in der Bruthöhle hin, ohne daß sich diese aber an der Eipflege beteiligt. Vermutungen zur Folge sollen nach 14 Tagen rund 2 mm große Larven aus den Eiern schlüpfen.
Wir können sicher sein: Bei dieser Familie steht dem Meerwasseraquarianer zum gegenwärtigen Zeitpunkt noch viel Arbeit bevor, ehe das gewünschte Ziel vor Augen erscheint.

Zur Familie Microdesmidae verwendete Literatur:
BAENSCH, H. A. & DEBELIUS, H. 1992; THALER, E. 1995

Die Familie Grammidae

Feenbarsche zählen zu den ganzjährigen Laichern. Die Vorbereitungen zur Eiablage beginnen mit dem Nestbau des Männchens. Unermüdlich werden kleine Algenteile in die Behausung geschafft, um ein Nest daraus zu bauen. Sind die Arbeiten abgeschlossen, beginnt die Balz. Mit schnellen Schwimmbewegungen nähert sich der Balzende seinem weiblichen Partner. Dabei intensiviert sich die Färbung, ohne daß sich jedoch eine eigene Balzfärbung ausbildet. Mit wellenförmigen Bewegungen kehrt der „Freier" zu seiner Behausung zurück. Es sind schon einige Versuche nötig, ehe das Weibchen bereit ist, ihr kleines Revier zu verlassen, um in die Bruthöhle des Männchens zu folgen. Entspricht das fertig gestellte Nest den Erwartungen beginnt die Eiablage. Die Eier treten nacheinander aus der Geschlechtspapille heraus, ohne daß sie abfallen. Es entsteht ein Eiballen, der

aus rund 100 orangegefärbten Eiern besteht. Der Eiballen tropft in das Nest und wird hier vom Männchen übernommen, der die Eier zunächst besamt.
Die Aufgabe des Weibchens ist damit abgeschlossen. Es verläßt die Bruthöhle und überläßt die weitere Arbeit ausschließlich dem Männchen. Dieses bewacht und umsorgt das eiförmige Gelege. Mehrmals am Tag wird der gesamte Eiballen ins Maul genommen und dort gesäubert und von verdorbenen Eiern befreit. Trotz dieser Bebrütungsmethode spricht man bei Grammiden nicht von Maulbrütern.
Je nach Wassertemperatur schlüpfen die Larven nach etwa 14 Tagen im Schutz der Dunkelheit. Die positiv phototroph veranlagten Larven messen rund 2 mm. Dabei sind Augen, Magen- und Darmtrakt, Schwanz- und Brustflossen schon weit entwickelt. Dies gilt gleichermaßen für den Kiefer. Da der Dottersack nur noch in Resten vorhanden ist, beginnt die Nahrungsaufnahme etwa zwölf Stunden nach dem Schlupf.
Schlupferfolge von *Gramma loreto* sind im Aquarium schon sehr oft gelungen. Dagegen ist dies bei *Gramma melacara* ein seltenes Ereignis geblieben. Trotzdem ist es inzwischen Red Sea Fish Pharm Ltd. gelungen, diesen Fisch im Aquarium zum Ablaichen zu bewegen.

Zur Familie Grammidae verwendete Literatur:
Baensch, H. A. & Debelius, H. 1992; Tresher, R. E. 1984

Die Familie Plesiopidae

Innerhalb dieser Familie finden wir zwei Varianten der Laichablage und Brutpflege vor. Während die großen Arten aus der Gattung *Calloplesiops* ihre Eier an ein Substrat heften (sie nehmen den Eiballen nur bei grober Störung ins Maul), tragen die Arten der Gattung *Assessor* ihre Eier als Ballen zeitweilig im Maul herum.
- Die Gattung *Calloplesiops*
Die Balz als solches ist bei diesen ausgesprochen

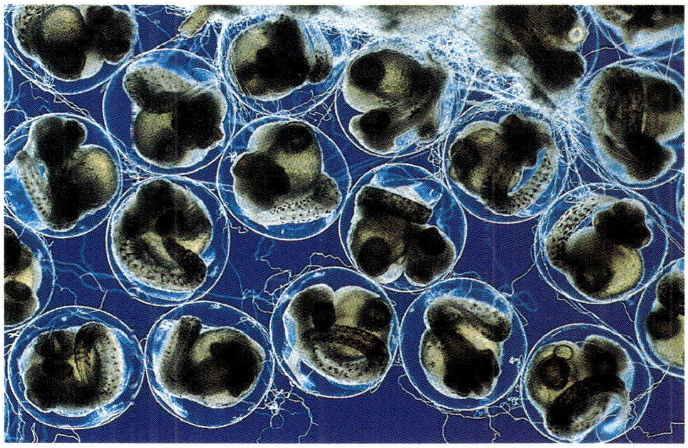

Eier des Mirakelbarschs, *Calloplesiops altivelis*, kurz vor dem Schlupf.
Foto: Robert Brons

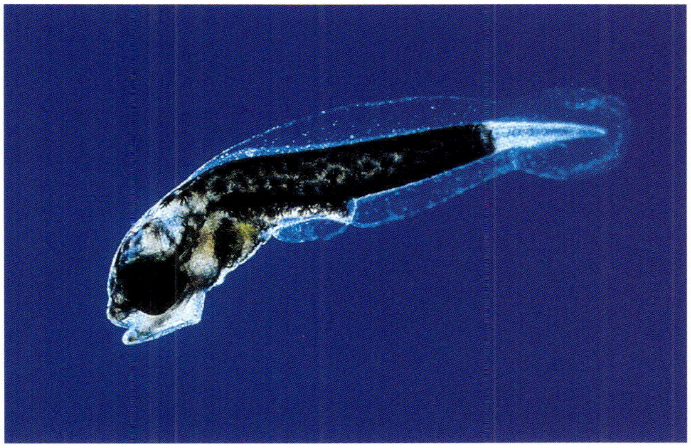

Frisch geschlüpfte Larve von *Calloplesiops altivelis*.
Foto: Robert Brons

streitsüchtigen (E. Thaler bezeichnet das Verhalten ihres Mirakelbarschpaars bestenfalls als temperamentvoll) Fischen schon heftig. Zunächst erfolgt auch hier - wie bei allen Substratlaichern - das intensive Reinigen der zukünftigen Eiablagestätte. Diese Aktivitäten werden vom Männchen übernommen. Dann beginnt die Balz die sich leicht dadurch erkennen läßt, daß das Männchen alle Flossen weit abspreizt und sich rüttelnd dem Weibchen nähert. Dieses eher als stürmisch zu bewertende Verhalten verscheucht zunächst das Weibchen. Allmählich aber - das Rütteln der Flossen wird verstärkt - folgt das Weibchen seinem „Freier" im gebührenden Sicherheitsabstand. Offensichtlich mißmutig über die Distanz können

aggressive Auseinandersetzungen beobachtet werden, die - wenn sie glimpflich ausgehen - bei ihr eine gespaltene Schwanz- oder Afterflosse hinterlassen. Die Balzaktivitäten des Männchens können so unkontrolliert ausufern, daß Teile der Schwanzflosse des Weibchens abgerissen werden. Trotz dieses flegelhaften Verhaltens erfolgt die Eiablage in der zugewiesenen Höhle. Nachdem die Eier abgesetzt sind, wird das Weibchen vertrieben und in den nächsten acht bis zehn Tagen wird das Männchen die Eier bewachen und betreuen.
Die Eier werden in kleinen Klumpen an die Höhlendecke geheftet. Das einzelne Ei mißt eine Länge von etwa einem Millimeter. Der Eiklumpen selbst hat einen Durchmesser von rund 2,5 cm. Bis zu 500 Eier werden pro Eiablage abgelegt. In Abhängigkeit von der Wassertemperatur erfolgt der Schlupf der Larven nach acht bis zehn Tagen. Die Larven verlassen im Schutz der Dunkelheit die Eihüllen. Mit einer Länge von etwa 3 mm sind alle Organe die zu einer raschen Nahrungsaufnahme notwendig sind, entwickelt. Nach etwa zwölf Stunden werden die ersten Mikroorganismen gezielt erbeutet.
- Die Gattung *Assessor*
Anders als bei ihren großen Verwandten erfolgt die Balz gesitteter, wobei das Männchen der aktivere Teil ist. Die Balz vollzieht sich durch rasche Bewegungen zum Weibchen und anschließend zur Bruthöhle hin, so als wolle das Männchen seinem Sexualpartner mitteilen, wo die Eiablage zu erfolgen hat. Die Färbung verstärkt sich während diesem Vorgang, ohne daß jedoch eine spezielle Balzfärbung oder -musterung ausgeprägt wird.
Die Ablage der Eier erfolgt im Verbund zu einem ballähnlichen Gebilde. Die Versorgung obliegt ausschließlich dem männlichen Geschlecht. Beobachtungen die davon ausgehen, daß es sich um Maulbrüter handelt sind offensichtlich spekulativer Natur. Lediglich von *Assessor macneilli* ist eine ganzzeitige Bebrütung im Maul dokumentiert. Wissenschaftliche Beschreibungen bei anderen Assessoren berichten, daß der Eiballen lediglich zeitweilig im Maul getragen wird. Es erfolgt aber zwischenzeitlich immer wieder ein Ausspucken in die Bruthöhle, in der das ballförmige Gelege weiter bewacht wird (Thaler 1997). Dieses Verhalten kann jedoch nicht als Maulbrüten bezeichnet werden. Pro Eiablage wird ein Eiballen gesetzt, der bei der Gattung *Assessor* etwa 7 mm im Durchmesser hat und aus rund 60 Eiern besteht (Tresher 1984).
Die cirka 3 mm großen Larven schlüpfen je nach Temperatur zwischen dem 14. und 21. Tag aus den knapp 1 mm großen Eiern. Entwickelte Kiefer, pigmentierte Augen, Organe, sowie die nötigen Flossen zum aktiven Fang und zur Aufnahme von Plankton sind vorhanden. Der Inhalt des Dottersacks ist dagegen weitestgehend aufgebraucht, so daß eine rasche Nahrungsaufnahme - innerhalb von 24 Stunden - erfolgen muß.

Zur Familie Plesiopidae verwendete Literatur:
Blok, J. 1988; Tresher, R. E. 1984; Wassink, H. 1988

Die Familie Pomacentridae

Auch innerhalb dieser Familie finden sich zwei verschiedene Varianten der Brutpflege.
- Die Unterfamilie Amphiprioninae
Die stets als Paar zusammenlebenden Anemonenfische leiten die Eiablage dadurch ein, daß am Fuß ihres Symbiosepartners eine geeignete Stelle für die anstehende Eiablage gesäubert wird. Bei länger laichenden Paaren wird immer wieder der gleiche Ablageort aufgesucht. Nachdem das Männchen mit den Vorbereitungen - die mehrere Tage beanspruchen können - begonnen hat, betätigt sich auch das Weibchen an der Säuberungsaktion. Dabei prüft das Weibchen gelegentlich mit seiner Genitalpapille ob das Substrat die nötige Säuberung erfahren hat. Mit Rüttelbewegungen seitens des Männchens beginnt sich die Legeröhre des weiblichen Artgenossen auszubilden. Dann erfolgt die Eiablage. Reihe für Reihe wird abgelegt und anschließend besamt. Je nach Art setzt sich das Gelege aus 400 bis 600 Eiern, bei den größeren Arten, wie beispielswei-

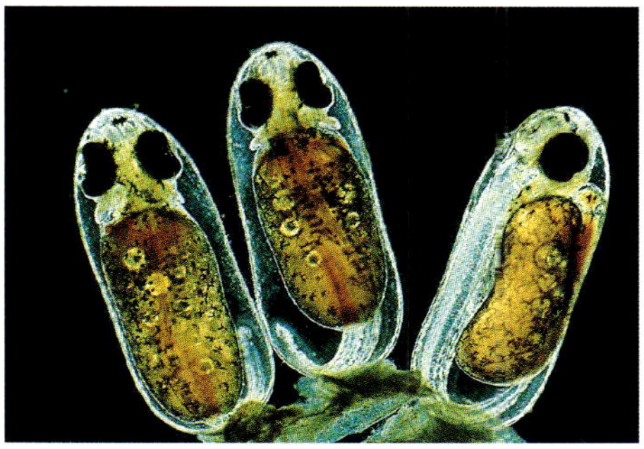

Sechs Tage alt sind diese *Amphiprion frenatus*-Eier.
Foto: Robert Brons

Frisch geschlüpfte Larve von *Amphiprion frenatus*.
Foto: Robert Brons

se *Amphiprion bicinctus* oder *Amphiprion clarkii*, bis zu 1500 Eiern zusammen, selten mehr oder weniger. Die Farbe der Eier ist bei dunkelfarbigen Arten orange. Bei hellgefärbten Arten sind die Eier meist gleich der Körperfarbe der Elterntiere. Je nach Wassertemperatur schlüpfen die kleinen Larven nach acht bis zehn Tagen aus den - je nach Art - 2 bis 3 mm langen Eiern.
Die Larven selbst, die sich zum Licht hin orientieren, messen zwischen 4 und 5 mm. Damit treffen wir hier mit die größten Larven unter den Substratlaichern an. Dies ist sicherlich ein wesentlicher Grund, weshalb aus der Unterfamilie Amphiprioninae schon so viele Arten im Aquarium erfolgreich nachgezogen wurden - oft bereits in mehreren Generationen.
Die Larven sind pigmentiert und haben alle physischen Merkmale, die für den Nahrungsfang notwendig sind. Nach spätestens zwölf Stunden muß den Jungfischen das erste verwertbare Futter zur Verfügung stehen.
- Die Unterfamilie Pomacentrinae
Anders als Anemonenfische haben sowohl viele männliche als auch weibliche Pomacentriden kleine Reviere. Laichwillige Weibchen werden von den Männchen zur Ablaichstätte getrieben. Die Balz beginnt ebenfalls damit, daß das Männchen einen für die spätere Eiablage geeigneten Ort innerhalb des Revieres ausmacht. Die Säuberungsarbeiten werden immer wieder dadurch unterbrochen, daß das Männchen mit seiner Genitalpapille überprüft, ob die Unterlage den Bedingungen für die Eiablage entspricht. Die Balz kann verschiedentlich sein. Bei vielen Arten warten die Männchen, bis das legewillige Weibchen eintrifft. Es gibt keine Einladungsbalz. Die Eiablage erfolgt in der Nacht. Bei *Dascyllus reticulatus* beginnt beispielsweise mit der Beendigung der Nistplatzvorbereitungen die eigentliche Balz. Sinuskurvenartig nähert sich das Männchen seiner Geschlechtspartnerin, die ihrerseits große Auf- und Abbögen schwimmt. Am Ende eines Balzablaufs schwimmt das Männchen geradewegs zum Nistplatz und verweilt dort - auf das Weibchen wartend. Nach einer gewissen Zeit beginnt die Abfolge erneut. Ist die Balz erfolgreich, stülpt das weibliche Tier die Legeröhre aus und folgt nach einigen weiteren Anläufen seitens des Männchens zum Ablageort. Meist wird dieser Platz zuerst mit Hilfe der Legeröhre untersucht ehe die Ablage der ersten Eireihe erfolgt. Zunächst stehen in aller

Männchen von *Amphiprion melanopus* bei der Eipflege. Mit Hilfe des Mauls werden tote und verpilzte Eier entfernt.
Foto: Robert Brons

Gelege von *Amphiprion ocellaris*.
Foto: Robert Brons

Regel Nacharbeiten seitens desMännchens an (FRISCHE 1988).
Bei vielen Arten innerhalb dieser Unterfamilie bilden sich Balzfärbungen aus hellen oder schwarzen Streifen aus. Wo diese Streifen ausgefärbt werden, ist von Art zu Art verschieden. So kann bei *Chromis viridis* eine Schwarzfärbung der Rückenflosse beobachtet werden, während bei anderen Arten die Körperfarbe zweigeteilt wird. Bei anderen Arten werden Körperteile farblos oder gar der gesamte Fisch verblaßt in Richtung graublau oder weiß. Nach erfolgter Eiablage wird das Weibchen vehement vertrieben, da es nun als Laichräuber gewertet werden muß. Die Eier selbst sind meist kleiner als 1 mm. Je nach Art und Wassertemperatur schlüpfen die Larven zwischen dem dritten und sechsten Tag. Der Schlupf erfolgt nachts. Sowohl Kiefer als auch Augen sind voll entwickelt. Dies gilt auch für die Brustflossen und den Schwanz. Ebenfalls voll entwickelt sind Magen und Darmtrakt. Der Dottersack selbst ist hingegen noch reichlich vorhanden, so daß erst nach etwa drei Tagen die erste Nahrung aufgenommen wird. Bis zu dieser Zeit schwebt die Larve bewegungslos knapp unterhalb der Wasseroberfläche. Es ist schwierig, die transparenten Larven zu sichten. Damit die Larve treiben kann, befindet sich im Dottersack ein Öltröpfchen, was ein Absinken verhindert. So finden wir bei den meisten Pomacentriden eine Larve, die eine Zwischenstellung zwischen pelagisch geschlüpfter und gut entwickelter frischgeschlüpfter Substratlaicherlarve einnimmt.

Nach TRESHER (1984) gibt es innerhalb der Pomacentriden die Art *Acanthochromis polyacanthus*. Die Besonderheit bei dieser Art liegt darin, daß die Larven dieser Art beinahe 5 mm lang sind und das planktische Larvenstadium überspringen. Es sind bereits völlig entwickelte kleine Pomacentriden, die Plankton erbeuten. Inzwischen gelang es THALER im Jahre 1998, diese Arten erfolgreich im Gesellschaftsaquarium nachzuziehen. Die Aufzucht war einfach und entsprach im Wesentlichen dem von TRESHER geschilderten.

Amphiprion ocellaris bei der Pflege seines Geleges. Eine Arbeit die überwiegend das Männchen übernimmt.

Zur Familie Pomacentridae verwendete Literatur:
AHRENS, K. 1990; ALLEN, G. R. 1978, 1991; BRONS, R. 1994; FAUTIN, D. G. & ALLEN, G. R. 1994; FRISCHE, J. 1995; FRISCHE, J. & LISSNER, C. 1988; HENNINGSEN, A. D. 1989; MALPASS, D. JR. 1996; STAEBLER, M. 1996; STRATTON, R. F. 1990; THALER, E. 1998; TRESHER, R. E. 1984; VELTE, F. WICKER, R. & FENDT, P. 1997

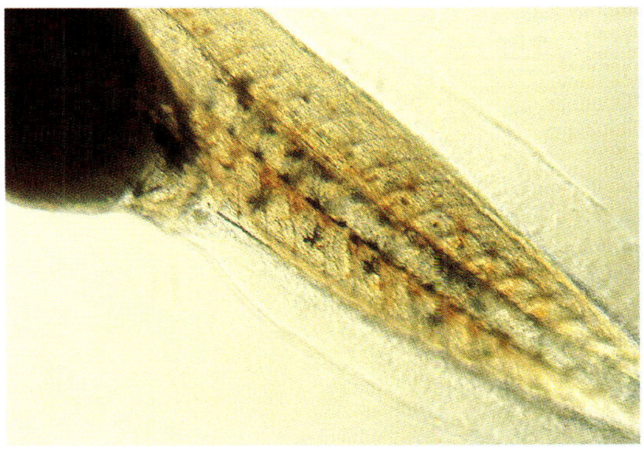

Amphiprion ocellaris-Larve kurz nach dem Schlupf. Es ist erstaunlich wie weit die Larve bereits entwickelt ist. Der reduzierte, aber noch nicht aufgezehrte Dottersack verrät dem erfahrenen Züchter, daß noch einige Zeit vergeht, ehe die erste Nahrung gefangen wird. Auffallend auch die großen Augen, mit denen zielsicher die Beute lokalisiert und dann erbeutet wird.

Die Familie Pseudochromidae

Die Zwergbarsche werden ebenfalls den Substratlaichern zugerechnet. Die Balz obliegt auch hier wieder dem Männchen, das zuvor seine Wohnröhre in ein geeignetes Brutareal umgewandelt hat. Anders als bei den Feenbarschen werden jedoch keine Algenstücke zum Auskleiden verwendet. Dafür zeigen eine Reihe von Zwergbarschmännchen eine intensive Balzfärbung. *Pseudochromis cyanotaenia* bildet irisierende Flecken und Streifen zunächst auf dem Kopf, dann über dem gesamten Körper verteilt (Beobachtung Frische 1995-1996). Das Verhalten ist bei allen Arten dieser Familie gleich. Das Männchen schwimmt mit raschen Bewegungen seinem Geschlechtspartner entgegen, dreht kurz vor dessen Kopf um und schwimmt zurück zum Höhleneingang. Folgt das Weibchen nach einigen Wiederholungen nicht, dann kann es zu einer kurzfristigen Jagd kommen, wobei das Männchen die Rolle des Jägers übernimmt. Danach beginnt erneut die Balz. Schließlich folgt das Weibchen in die Höhle des Männchens, in der die einzelnen Eier als Eiklumpen verklebt zu Boden sinken. Damit ist die Aufgabe des Weibchens erfüllt und es wird aus der Behausung getrieben. Nach der Besamung übernimmt das Männchen die alleinige Brutpflege. Den im Durchmesser bis 10 mm messenden Eiballen nimmt das Männchen zeitweilig ins Maul. Welche Funktion das Tragen des Eiballens im Maul hat, ist unbekannt. Es ist jedoch anzunehmen, daß tote und verpilzte Eier entfernt werden. Weshalb die Eier nicht wie bei vielen anderen Substratlaichern einfach auf ein Substrat geheftet werden, ist ebenfalls nur eine Vermutung: Vielleicht findet sich bei dieser Form des Ablaichens der Übergang zwischen substratgebundenen Laichern und Maulbrütern. Im Gegensatz zu jenen Arten die ihre Eier auf den Untergrund kleben ist auffallend, daß die Dauer der Eipflege bei vielen Zwergbarschen nicht unter 14 Tagen dauert und damit den üblichen Zeitrahmen sprengt.

Wie bei allen Larven deren Eier auf diese Art bebrütet wurden, sind Organe, die zum baldigen aktiven Planktonfang nötig sind, voll entwickelt. Die Nahrungsaufnahme der positiv phototrophen Larven beginnt nach etwa zwölf Stunden.

Zur Familie Pseudochromidae verwendete Literatur:

Baensch, H. A. & Debelius, H. 1992; Brons, R. 1995; Tresher, R. E. 1984

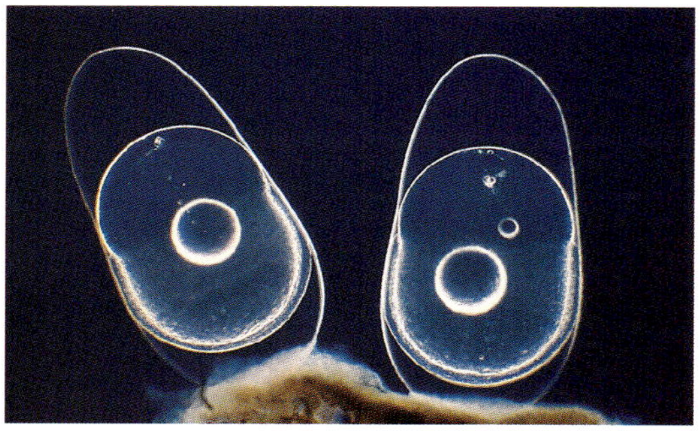

Eier von *Chrysptera parasema* wenige Stunden nach der Befruchtung.

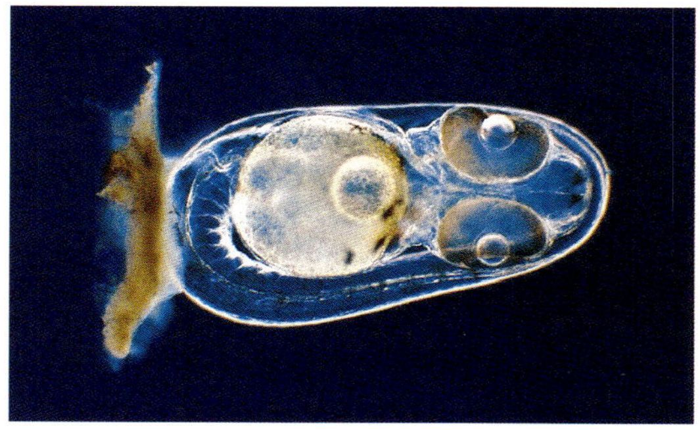

Drei Tage altes Ei der Gelbschwanz-Demoiselle, *Chrysiptera parasema.*

Männchen von *Pseudochromis fridmani* beim Bewachen seines Geleges.

Das in Ballen abgelegte Gelege von *Pseudochromis fridmani.*

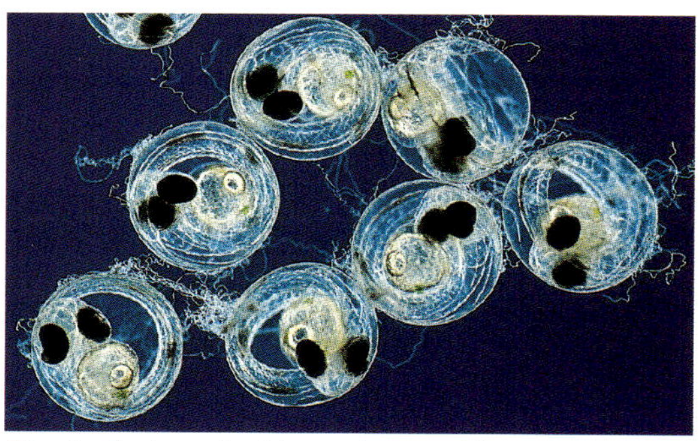

Eier in fortgeschrittener Entwicklung von *Pseudochromis fridmani.*

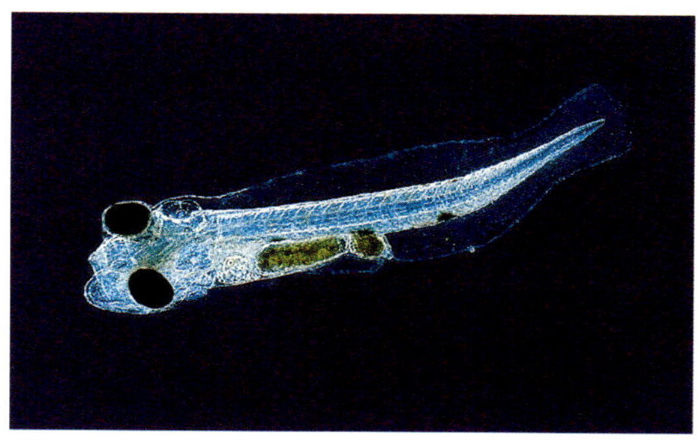

Einen Tag alte Larve von *Pseudochromis fridmani.*
Alle Fotos: Robert Brons

Maulbrüter

Männchen von *Pterapogon kauderni* mit einem Gelege im Maul.
Foto: Prof. E. Thaler

In der Süßwasseraquaristik sind Maulbrüter gern gepflegte Fische. Zu ihnen gehören die unzähligen endemisch lebenden Buntbarsche des Malawi- und des Tanganjikasees in Afrika. Der Vorteil bei der Bebrütung der Eier und Larven im Maul ist der Schutz vor Freßfeinden. So ist es verständlich, daß die Anzahl der abgelegten Eier bei Maulbrütern längst nicht so zahlreich sind, wie bei anderen Varianten der Bebrütung und der Aufzucht.
Eine Reihe von Süßwasserbuntbarschen hat eine besondere Technik des Maulbrütens entwickelt. Hier werden die Eier am Substrat angeheftet und bebrüte. Erst die geschlüpften Larven werden im Maul getragen. Da es sich um recht große Larven handelt, ist die Nachzucht im Aquarium inzwischen vielfach gelungen und eine Reihe der im Fachhandel angebotenen maulbrütenden Arten bestehen ausschließlich aus Nachzuchten.
In Abhängigkeit von der Art wird die Brutpflege im Maul vom Weibchen oder vom Männchen oder von beiden Partnern abwechselnd durchgeführt. Einige Maulbrüter des Süßwassers haben sogar ein dauerhaft biparentales Brutpflegeverhalten entwickelt.
Wenn all dies nur auch im Meerwasserbereich so zutreffen würde. Schon die spezialisierte Form des Maulbrütens ist im tropischen Korallenriff selten. Die unterschiedlichen Ursachen dafür beruhen auf einigen Hypothesen meinerseits:

- Die Unmengen an Plankton haben einen Schlupf von größeren Larven unnötig gemacht, da das reichhaltige Nahrungsangebot für die Larven ausreicht um die Art zu erhalten.
- Für die Entwicklung der wesentlich größeren Eier ist mehr Energie nötig um sie entstehen zu lassen. Energie ist im Riff ein kostbares Gut, das nicht „vergeudet“ werden darf. Vor allem anderen dient die Energie zunächst zum Selbsterhalt.
- Viele Fische nehmen während der Maulbrutzeit keine Nahrung zu sich. (Arten der Gattung *Opistognathus* fressen allerdings während der Brutzeit. Zur Nahrungsaufnahme werden die Eier einfach ausgespuckt).

Trotz dieser scheinbaren Nachteile, die das Maulbrüten im Korallenriff mit sich bringt, haben sich einige wenige Fischarten auf diese Art der Brutpflege spezialisiert. Für die Riffaquaristik sind vor allem Fische aus zwei Fischfamilien von großem Interesse.
Unter ihnen finden sich jene Arten, die heute mehr oder minder regelmäßig im Aquarium vermehrt werden.

Die Familie Apogonidae

Eine Reihe von Kardinalbarschen laicht nur saisonal ab. Laichaktivitäten sind vor allem in den warmen Monaten zu beobachten und bei Vollmond. Einige wenige Arten haben einen ganzjährigen Fortpflanzungszyklus.
Der Ablaichvorgang selbst variiert in der Tages-

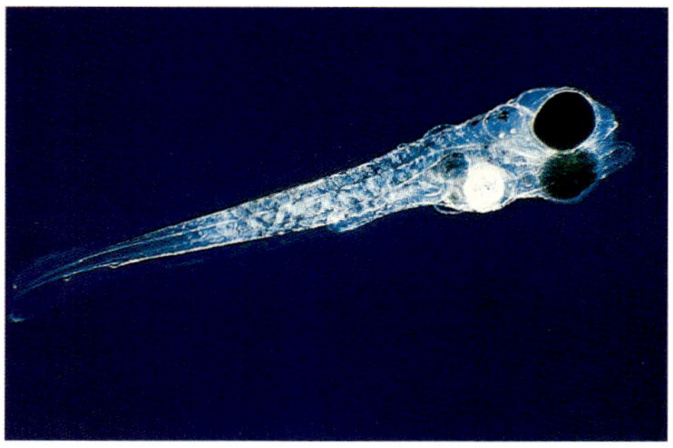

Frisch geschlüpfte Kardinalbarschlarve, *Cheilodipterus quinquelineatus.* Foto: Robert Brons

zeit von Art zu Art. Viele Kardinalbarsche legen ihre Eier in der Abenddämmerung ab, andere wiederum zur Mittagszeit. Andere Fische dieser Familie sollen in den frühen Morgenstunden - noch vor Sonnenaufgang - ihr Gelege absetzen.
Obwohl in der Gruppe lebend, wird von beinahe allen Arten ein paarweises Ablaichen bevorzugt. Zu diesem Zweck trennt sich das laichbereite Pärchen von der Gruppe ab, um in Ruhe seinen Fortpflanzungsaktivitäten nachgehen zu können.
Die Einleitung der Balz ist unterschiedlich und schwankt je nach Art. Interessant dabei ist, daß die Balz nicht immer vom Männchen ausgehen muß, sondern ebenso vom Weibchen eingeleitet werden kann.
Die Balz wird durch Zittern des Körpers, Flossenabspreizen und bei einigen Arten durch Knacklaute eingeleitet oder begleitet. Bei dem erst kürzlich wiederentdeckten *Pterapogon kauderni* konnte das Paarungsverhalten im Aquarium inzwischen bis ins Detail untersucht werden. Ausführliche Berichte existieren von Thaler (1996) und Dürbaum (1997).
Das fortgeschrittene Balzstadium hingegen ist bei allen Apogoniden ähnlich. Die Geschlechtspartner stehen zunächst nebeneinander und stimulieren sich durch Köperkontakt und Rüttelbewegung. Dann treten die ersten Eier aus und werden sofort vom männlichen Partner besamt. Die Eier fallen dabei nicht zu Boden, sondern aggregieren zu einer kleinen Kugel, die in der Region des Genitalbereichs haften bleibt und dort vom Männchen mit dem Maul aufgenommen wird. Tresher 1984 beschreibt den Vorgang der Eiaufnahme seitens des Männchens als „inhalieren". Eine Beschreibung, die dem sichtbaren Ablauf ziemlich nahe kommt. Die anstehende Brutpflege wird bei allen Kardinalbarschen vom Männchen durchgeführt. Der Eiballen selbst mißt je nach Art zwischen zwei und drei Millimetern. Lediglich bei

Balzsequenz des Banggai-Kardinalbarsche *Pteragogon kauderni.* Interessant dabei ist, daß das Weibchen (im Vordergrund) die Balzaktivitäten übernimmt.

Pterapogon kauderni wird ein Durchmesser von knapp 1 cm erreicht. Die Menge der einzelnen Eier kann dabei sehr schwanken. In vielen Fällen bewegt sich die Anzahl zwischen 75 und 100 Stück. Lediglich beim Banggai-Kardinalbarsch sind es

Ein brütendes Männchen von *Pterapogon kauderni*. Sehr schön ist die weit gedehnte Kehle zu erkennen.

mit zehn bis 20 Eiern erheblich weniger.
Beschränken sich die Zeiten von Balz und Eiablage bei den meisten Arten auf wenige Stunden, so dauert sie bei *Pterapogon kauderni* mehrere Tage. Die Eiablage selbst hingegen verläuft bei allen Arten äußerst rasch.
Das im Maul befindliche Gelege verbleibt dort während der Brutphase. Nur kurz wird der Eiballen ausgespuckt, wenn er gedreht werden soll. Diese Handlungen sind in wenigen Sekunden beendet und der Eiballen wird erneut inhaliert. Während der Tragzeit leben die brütenden Fische sehr versteckt und meiden den Kontakt zur Gruppe und zum Partner. Sie sind völlig wehrlos und somit auf den Schutz von Unterschlüpfen angewiesen. Gelegentlich kommt es vor, daß der Laich gefressen oder ausgespuckt wird. Gründe dafür sind vielschichtig: Vielleicht sind viele Eier unbefruchtet, verpilzt oder abgestorben, oder der Eiträger hat einfach nur Hunger. Es kann Gefahr durch einen Beutegreifer in Anmarsch sein und so weiter.
Wie bereits erwähnt, dauert der Schlupf der Jungfische um ein Vielfaches länger als bei Frei- oder einer ganzen Reihe von Substratlaichern. Bei *Pterapogon kauderni* beispielsweise rund vier Wochen. Bei anderen Apogoniden reduziert sich die Zeitspanne auf etwa zehn bis vierzehn Tage. Die Eier sind in der Größe des Durchmessers von der Art abhängig und schwanken von 0,5 mm bis hin zu 4 mm. Die Länge der Larven ist direkt proportional zur Tragzeit. So hat *Pterapogon kauderni* die bislang größten Schlüpflinge, die ein tropischer Korallenfisch hervorgebracht hat. Es sind bereits fertige Fischchen, die ihren Eltern sehr ähnlich sind und etwa 1 cm messen. Die meisten anderen Larven sind hingegen zwischen einem und vier Millimeter lang. Sie haben pigmentierte Augen, entwickelte Kiefer, einen funktionierenden Verdauungsapparat und kräftige Schwanzflossen. Der weitgehend aufgezehrte Dottersack verrät es schon: Die Larven benötigen rasch Nahrung.

Zur Familie Apogonidae verwendete Literatur:
Dürbaum, J. 1997; Thaler, E. 1996; Tresher, R. E. 1984

Die Familie Opistognathidae

Diese Familie gehört zu den bekanntesten in der Riffaquaristik. Allen voran *Opistognathus aurifrons* auch Goldstirnkieferfisch genannt. Inzwischen ist ein weiterer heiß begehrter Favorit aus dieser Familie hinzugekommen: *Opistognathus rosenblatti*.
Die Balzaktivitäten obliegen dem Männchen, der sich der Flanke seiner Auserwählten nähert. Dabei sind Kopf und Schwanz gekrümmt und erinnern

Zum Balzritual von *Opistognathus aurifrons* gehört unter anderem, daß sich das Männchen - einem Triumpfbogen gleich - krümmt.
Foto: Prof. E. Thaler

an einen Triumphbogen. Bei *Opistognathus rosenblatti* können die Geschlechter während der Balz ausgezeichnet phänotypisch unterschieden werden. Während die Körperfärbung des Weibchens weitesgehend unverändert bleibt, verfärbt sich der vordere Bereich des männlichen Körpers weiß - die blauen Punkte verschwinden.

Das Balzverhalten weicht vom bereits Beschriebenen ab. Die Männchen bewegen sich rasch etwa einen Meter über ihre Wohnröhre und spreizen dann alle Flossen ab. In dieser Position verharren sie sekundenlang, um kurze Zeit später in die Wohnröhre zurückzukehren. Bald darauf wird dieses geschilderte Verhalten erneut gestartet. Das wiederholt sich solange, bis ein laichwilliges Weibchen in die Höhle folgt (Baensch 1992).

Bei *Opistognathus aurifrons* verliert während der Balz der sonst gelbe Kopf seine Farbe - er verblaßt. Im Bereich des Unterkiefers färben sich schwarze Streifen aus.

Führt die Balz zum gewünschten Resultat, folgt auch hier das Weibchen in die Höhle des Männchens. Dort erfolgen sowohl Eiablage, als auch Besamung. Anschließend nimmt das Männchen die Eier ins Maul, während der Sexualpartner die Behausung wieder verläßt. Er übernimmt die alleinige Pflege der Eier.

Die Eier messen rund 0,9 mm und entlassen nach sieben bis neuntägiger Embryonalentwicklung rund vier Millimeter große Larven. Wie bei den Apogoniden sind alle Organe die zu einer raschen Nahrungsaufnahme benötigt werden voll entwickelt. Nur noch in Resten hingegen ist der Dottersack vorhanden, so daß mit dem Planktonfang innerhalb der nächsten Stunden begonnen werden muß.

Zur Familie Opistognathidae verwendete Literatur:

Baensch, H. A. & Debelius, H. 1992; Frische, J. 1992; Thaler, E. 1994, 1995; Tresher, R. E. 1984

Möglichkeiten der Fischnachzucht

Dieses Kapitel wird sich ausschließlich mit der Entwicklung, Aufzucht und Ernährung der Nachkommenschaft beschäftigen.
So mancher Leser mag zwischenzeitlich zu dem Schluß gekommen sein, daß das angestrebte Ziel der erfolgreichen Vermehrung von Fischen im Aquarium aussichtslos ist. Dazu möchte ich entgegnen, daß diese Behauptung vor einigen Jahrzehnten auch in der Süßwasseraquaristik vertreten wurde. Und heute? - Die meisten im Fachhandel angebotenen Süßwasserfische stammen aus Nachzuchten - vielfach auch von deutschen Züchtern. Die Firma Red Sea Fish Pharm Ltd. hat inzwischen bewiesen, daß es möglich ist, Maulbrüter, Substrat- und Freilaicher zu vermehren. Sicherlich sind hier andere Voraussetzungen gegeben, aber im Prinzip wurde gezeigt, daß es funktioniert. Dr. Jürgen Lange, Leiter des Zoo-Aquariums Berlin, dem ebenfalls viele beeindruckende nicht alltägliche Vermehrungen gelangen, hat mir einmal gesagt, daß es ihn wundert, daß die Meerwasseraquarianer so wenig Aufzuchterfolge haben. Im Gegensatz zu den Mitarbeitern des Aquariums Berlin haben die Aquarianer weniger Zeit und vor allen Dingen eine andere Einstellung. Ich muß gestehen, daß in dieser Aussage viel Wahrheit steckt. Warum entwickelt sich bei den Meerwasseraquarianern die Aufzucht von Fischen so zögerlich?
Vielleicht liegt dies an der Methodik. Deshalb wird in den folgenden Seiten in aller Ausführlichkeit über die Ernährung und die Haltung der Larven berichtet. Denn neben der Paarbildung ist dies das wohl schwierigste Kapitel.

Kardinalbarsche wie *Sphaeramia nematopterus* lassen sich im Aquarium dank ihres Gruppenverhaltens einfach zu mehreren pflegen. Ein Verhalten, dem es zu entsprechen gilt, sollen die Fische artgerecht gepflegt und erfolgreich vermehrt werden.
Foto: Robert Brons

- Der Weg der Fischeier vom Schauaquarium ins Aufzuchtaquarium.

Erinnern Sie sich noch? In meinem Buch „Das funktionierende Meerwasseraquarium" habe ich eine Bohrung in der Seiten- oder Bodenscheibe des Aquariums empfohlen. Diese Öffnungen - genutzt als Ablauf - erweisen sich jetzt als äußerst hilfreich.
Über der Wasserablauf ist es möglich, frisch

geschlüpfte Larven oder kurz zuvor abgegebene, pelagische Eier abzusaugen. Durch die Strömung gelangen die unittelbar unter der Wasseroberfläche treibenden Eier über das ablaufende Wasser zunächst in ein Behältnis unterhalb des Aquariums. Wenn hier ein Filter montiert ist, dann muß das eintretende Wasser zunächst in eine Klarwasserkammer laufen, in der das Wasser nur langsam weiter fließt. Zusätzlich dient ein Planktonsieb dazu, daß die Eier und Larven nicht vom Filter angesaugt werden und in diesem auf nimmer wiedersehen verschwinden.
Um die Larven in die Nähe des Ablaufs zu locken, empfiehlt es sich, ein Nachtlicht über dem Ablauf zu installieren, das die ganze Zeit brennt. Nachtlichter - eigentlich für Babys und Kleinkinder gedacht - führen Fachmärkte mit Elektroabteilung. Das Nachtlicht hat den Vorteil, daß das orangefarbene, gedämpfte Licht den nächtlichen Ablauf im Aquarium nicht stört und trotzdem als Lichtquelle zum Anlocken der Larven benutzt werden kann.
Ein Nachteil dieser Methode sind die mechanischen Kräfte, die während des Wassersturzes ins Klarwasserbehältnis auftreten. Während die meisten Eier diesen Weg unbeschadet überstehen, kommt es bei vielen Larven zu Verletzungen, denen sie kurze Zeit später erliegen.
Eine andere Möglichkeit ist das Abschöpfen. Hierzu wird eine große flache Schüssel verwendet. Diese wird flach unter die Wasseroberfläche gedrückt, wobei der entstehende Sog Larven und Eier in die Schüssel zieht.
Um die pelagischen Eier abzuschöpfen muß man schnell sein, da in direkter Konkurrenz zu den anderen Fischen des Aquariums gearbeitet wird. Leider mit dem Unterschied, daß die Fische die Eier fressen wollen, während unser Bestreben im Erhalt liegt.
Um möglichst viele Eier zu sammeln, hat es sich als günstig erwiesen, kurz vor dem Abgeben der Eier durch die Elterntiere die Strömung im Aquarium auszuschalten. Die ablaichenden Fische sind bereits soweit stimuliert, daß sie diese Maßnahme nicht mehr stört. Sofort nachdem die weiße Sperma-Eiwolke sichtbar geworden ist, wird nach

Männchen von *Opistognathus aurifrons* mit einem Gelege im Maul. Ausgezeichnet sind die schwarzen Streifen unterhalb des Unterkiefers zu erkennen, welche die Männchen während Balz und Brutpflege gut sichtbar demonstrieren.
Foto: Robert Brons

den Eipaketen Ausschau gehalten. Diese werden abgeschöpft und ins Aufzuchtbecken - in welches erst jetzt Wasser aus dem Schauaquarium gegeben wird - überführt.
Frisch geschlüpfte Larven können ebenfalls abgeschöpft werden. Kurz nach dem Eintreten der Dunkelheit werden ebenfalls die Strömungspumpen abgestellt. Eine Taschenlampe dient als Lichtquelle. Sie wird auf die Abdeckscheibe oder auf eine Querverstrebung des Aquariums gestellt. Der Schein des weißen Lichts dringt bis zum Boden und nach kurzer Zeit kann der Aquarianer unzäh-

Larve von *Opistognathus aurifrons* kurz nachdem sie ein benthisches Leben aufgenommen hat. Foto: Robert Brons

lige kleine Würmchen, Krebschen und anderes planktisches Getier beobachten. Und wer Glück hat, der sieht plötzlich kleine Larven, die sich schaukelstuhlähnlich schwingend im Schein der Taschenlampe der Wasseroberfläche nähern. Jetzt nur nicht ungeduldig werden, denn die Zahl der Larven nimmt in den nächsten Minuten stetig zu. Wenn der Eindruck gewonnen wurde, daß ausreichend viele Larven im Schein der Lichtquelle an der Wasseroberfläche versammelt sind, beginnt das Abschöpfen nach dem beschriebenen Prinzip. Auch hier wird das Aufzuchtaquarium erst jetzt mit Wasser aus dem Schauaquarium gefüllt.

Diese Maßnahme gewährleistet, daß das Wasser beider Aquarien absolut identisch ist. Schon eine Stunde später unterscheiden sich die beiden Gewässer in Temperatur und vielleicht auch schon in chemischen Eigenschaften. Solch geringe Abweichungen können aber bereits die Vitalität der Larven mindern und einen Aufzuchterfolg schon zu diesem Zeitpunkt unmöglich machen.

Das Abschöpfen und Umsetzen der Larven und Eier muß vorsichtig mit einer flachen Schüssel erfolgen.

Eine weitere Möglichkeit, die Fortpflanzungsprodukte sicher ins Aufzuchtaquarium zu überführen, ist bei Substratlaichern praktikabel. Kurz vor dem Schlupf wird das Gelege, dem Licht abgewandt, den bewachenden Tieren weggenommen und unter Wasser in eine Schüssel überführt. Dann erfolgt der Wechsel ins Aufzuchtaquarium, dem ebenfalls erst jetzt Wasser aus dem Riffaquarium zugeführt wird.

Leider laichen die wenigsten Fische auf einem Substrat ab, das sich einfach aus dem Aquarium entnehmen läßt.

Um dem entgegenzuwirken bedient sich der Züchter eines einfachen Tricks. Es wird ein geeignetes Ablaichsubstrat zur Verfügung gestellt. Anemonenfische nehmen sehr gerne Schieferplatten und Tonscherben an. Auch kalkhaltiges Material wie Tuffplatten werden gern als Ablaichsubstrat

Eine Gruppe von *Pterapogon kauderni* - einige Tage alte Jungfische, die sich ihrer Natur gleich zwischen den Stacheln eines Diademseeigels aufhalten. Dieses Aufnahme entstand im Löbbecke-Museum und Aqua-Zoo, Düsseldorf.

angenommen. Um zu gewährleisten, daß die Fische die angebotenen Materialien annehmen, beobachtet der Aquarianer zunächst, wo die Fische ihre Eier absetzen. Ist deren Schlupf erfolgt, wird die Platte auf jenen Platz gelegt, wo sich kurz zuvor noch die Eier befanden. Viele Fische versuchen zunächst, diesen Störfaktor zu entfernen. Da die Platte aber so schwer ist, daß sie von den Fischen nicht verschoben werden kann, beginnt bald das Interesse an dem neuen Ablaichsubstrat. Wichtig ist, daß zwei Platten aus dem gleichen Material zur Verfügung stehen. Wird die eine Substratfläche entfernt, weil sich ein Gelege kurz vor dem Schlupf auf dieser befindet, kann die neue sofort eingebracht werden. Der bewachende Fisch „wundert" sich zwar über den Verbleib seines Geleges, doch der Untergrund ist scheinbar unverändert.

Im Aufzuchtaquarium wird mit Hilfe von einigen Gummisaugern das auf der Platte befindliche Gelege möglichst vertikal positioniert. Es ist außerdem unbedingt darauf zu achten, daß die Platte nicht nach vorne wegkippt.

Die weitere Befächelung der Eier mit Frischwasser übernimmt jetzt ein grobperliger Ausströmerstein, aus dem die Luftblasen langsam an den Eiern vorbeidriften. Diese Methode funktioniert sehr gut und führt bei richtiger Anwendung zu 100-prozentigem Schlupf der Larven. Wichtig bei dieser Methode ist, daß die Fischlarven innerhalb der nächsten 24 Stunden schlüpfen. Dauert das Sprengen der Eihüllen länger, dann wächst stündlich die Gefahr der Verpilzung.

Damit diese Variante zu keinem Mißerfolg führt, ist es sinnvoll, zunächst einmal festzustellen, nach welcher Zeit die Larven schlüpfen. Wir wissen ja, daß dies von Art zu Art stark schwankt und auch andere Parameter für den Tag des Schlupfs berücksichtigt werden müssen.

So ist es nötig, das erste und vielleicht auch noch das zweite Gelege von den Eltern im Schauaquarium zum Schlupf bringen zu lassen. Dies verschafft uns das notwendige Wissen über die Brutdauer.

Nicht selten kommt es vor, daß sich der Schlupf der Larven nach dem Überführen ins Aufzuchtaquarium und durch die daraus resultierende Störung ohnehin um 24 Stunden verschiebt. Dies

Fünf Monate alter *Pterosynchiropus splendidus*.
Foto: Robert Brons

Larve von *Opistognathus aurifrons* im Alter von 25 Tagen, kurz nachdem sie ein benthisches Leben aufgenommen habt.
Foto: Robert Brons

Larve von *Opistognathus aurifrons* kurz nach ihrer Metamorphose zu einem Brunnenbauer.
Foto: Robert Brons

Jungfisch von *Opistognathus aurifrons*.
Foto: Robert Brons

30 Tage alte Jungfische von *Opistognathus aurifrons*.
Foto: Robert Brons

Ein halbes Jahr alter *Premnas biaculaetus*. Wie zu sehen ist, sind die weißen Streifen leider nicht ganz durchgehend. Eine Abweichung in der Färbung, die bei nachgezogenen Anemonenfische häufiger auftritt.

unterstreicht noch einmal die Wichtigkeit über das Wissen der Brutdauer im Riffaquarium.
Die genannte „Plattenmethode“ funktioniert natürlich nur bei jenen Fischarten, die sich zur Brutpflege nicht in Wohnröhren zurückziehen. In diesem Fall bleibt einem nichts anderes übrig, als die geschlüpften Larven abzuschöpfen oder per Überlauf aus dem Schauaquarium zu entfernen.
Die Methode des Abschöpfens kommt auch bei Maulbrütern zum Tragen, da es unmöglich ist, die Fische aus dem Aquarium zu nehmen. Auf keinen Fall dürfen die eiertragenden Tiere gejagt werden, da diese auf der Flucht den Eiballen ausspucken. In den Fällen, in denen die Schlüpflinge im Schauaquarium verbleiben können, ist es sinnvoll, ihnen die natürlichen Möglichkeiten zu bieten. Dies macht eigentlich nur bei Aalgrundeln, dem Stachel-Riffbarsch *Acanthochromis polyacanthus* und den Banggai-Kardinalbarschen Sinn. Diese entlassen größere Jungfische. Wie überall gibt es aber auch hier Ausnahmen, doch dazu gleich mehr.
Zunächst ist zu erwähnen, daß Jungfische von *Pterapogon kauderni* den Schutz von Seeigeln benötigen. Sie verbergen sich zwischen den Stacheln und sind so - auch im künstlich geschaffenen Biotop hinter Glas - vor Freßfeinden sicher. Alternativ werden von diesen kleinen Gesellen auch die Tentakel einer Anemone angenommen. Um welche Art es sich bei der Aktinie handelt ist belanglos. Offensichtlich wissen die juvenilen Banggai-Kardinalbarsche, daß sie hier sicher sind. Da in diesem Fall die entlassenen Jungfische gleich frischgeschlüpfte Artemien annehmen ist es durchaus möglich und praktikabel, sie im Schauaquarium zu belassen. Wer sicher gehen will, der siedle die Kleinen in einen Laichkasten um. Ein Behältnis, das in der Süßwasseraquaristik gern und erfolgreich zur Aufzucht von diversen Jungfischen eingesetzt wird.

Ellen Thaler gelang das beinahe unglaubliche. Im Aquarium pflanzten sich nicht nur die selten eingeführten *Enchelyurus flavipes* fort, es entwickelten sich sogar einige der geschlüpften Larven zu fertigen Fischen!
Foto: Prof. E. Thaler

Oben links: Jungfisch von *Calloplesiops altivelis* im Alter von 17 Tagen.

Oben rechts: Jungfisch von *Calloplesiops altivelis* im Alter von 35 Tagen.

Links: Jungfisch von *Calloplesiops altivelis* im Alter von 45 Tagen

Fotos: Robert Brons

Diese Methode ist auch bei den Larven von *Acanthochromis polyacanthus* praktikabel.
Wie sonderbar manches Mal die Ereignisse in einem Riffaquarium sein können, weiß Ellen Thaler zu berichten. Ihr ist es in einem Ihrer Schauaquarien gelungen, die Larven des Schleimfischs *Enchelyurus flavipes* erfolgreich großzuziehen. Hierbei handelt es sich um einen Schleimfisch, dessen genaue systematische Zugehörigkeit noch nicht vollends geklärt ist, da er durch die extrem langen Eckzähne durchaus den Säbelzahnschleimfischen zugeordnet werden könnte. Mit dem Unterschied, daß er keine Schwimmblase trägt und somit ein benthisch lebender Fisch ist. Thaler ist dieser Glücksfall deshalb gelungen, weil die Larven auffallend groß sind, sich diese gleich zu anfang selbständig in dem grobkörnigen Bodengrund vor Freßfeinden schützen konnten (vielleicht spielen die großen Zähne schon hier eine bedeutende Rolle) und durch Thalers spezielle Fütterungsweise war gewährleistet, daß die Jungfische genügend Nahrung bekommen haben (Thaler 1993). Ein Ereignis, das bei dieser Art vielleicht wiederholt werden könnte.

◆ Die ersten Tage im Leben einer Fischlarve
Nachdem die Larven in das Aufzuchtaquarium überführt werden, ist es wichtig, daß keine grellen Lichtquellen eingeschaltet werden. Die pigmentierten Augen der Larven sind sehr lichtempfindlich und reagieren bereits auf schwache Lichtimpulse. Wird eine starke Beleuchtung in Betrieb genommen (Taschenlampe, Deckenleuchte, Leuchtstoffröhre, Feuerzeug oder ähnliches) hat dies auf die Larven eine Wirkung die mit dem eines Fotoblitzes auf unsere Augen vergleichbar ist. Nur mit dem einen Unterschied: Die Larven sterben an einem derartigen Lichtschock. Bei überführten Eiern ist dies anders. Hier ist keine Larve vorhanden, die pigmentierte Augen hätte. Diese entwickelt sich erst. Bei den Eiern haben wir vielmehr das Problem, daß sie an den Aquarienscheiben anhängen und dort kleben bleiben. Für die Entwicklung der Eier sehr nachteilig, da sie in Bewegung gehalten werden müssen - sonst sterben sie ab. Ein perforierter Schlauch auf dem Boden entlang der Seitenscheiben verlegt, kann dieses Problem verringern.

Wenn Eier oder Larven überführt sind, werden noch in der gleichen Nacht einige Liter Zoo- und Phytoplankton zugeträufelt. Das Verhältnis ist dabei etwa 1:3. Die Zugabe des Planktonwassers erfolgt ausgesprochen langsam. Durch die Zugabe verändern wir die Wasserzusammensetzung, was bei Larven und Eiern immer langsam zu erfolgen hat.

Haben wir Eier von Substratlaichern termingerecht umgesetzt, finden sich am nächsten Morgen - spätestens jedoch 24 Stunden später - einige hundert kleine Larven. Entweder freischwimmend im Aquarium oder aber direkt unter der Wasseroberfläche treibend. Sollten die Larven noch keine Eigenbewegung haben, dann ist darauf zu achten, daß die kleinen hilflosen Lebewesen nicht an den Scheiben kleben bleiben. Um dies zu verhindern, kann das gleiche Prinzip angewendet werden, wie bei den Eiern beschrieben. Die Anwendung mit den perforierten Schläuchen gilt selbstverständlich auch für jene pelagischen Larven, die aus den Eiern geschlüpft sind.

◆ Der Grund, weshalb weder Eier noch Larven längere Zeit an Oberflächen anhängen dürfen, hängt damit zusammen, daß die für den lebensnotwendigen Gasaustausch erforderliche Oberfläche nicht mehr ausreichend zur Verfügung steht. Der Gasaustausch findet durch die gesamte Oberfläche per Diffusion statt. Dies findet man zum Beispiel bei allen Protozoen, bei Eiern und Embryonen und bei den Larven vieler Meerestiere. Erst wenn die Larven selbst in der Lage sind sich fortzubewegen, können die perforierten Schläuche entfernt werden.

Jene Larven, die bereits soweit entwickelt sind, daß ihre Nahrungsaufnahme kurz nach dem Schlupf zu erwarten ist, können jetzt dabei beobachtet werden, wie sich die kleinen Schwänzchen blitzartig krümmen, um in der nächsten Sekunde den Larvenkörper, einem Pfeil gleich, vorschnellen zu lassen. Die Nahrungsaufnahme hat begonnen. Wichtig ist zu diesem Zeitpunkt, daß die Larven bis zur Darreichung der ersten Mahlzeit nicht hungern. Dies erklärt, weshalb noch in der Nacht das erste Planktonfutter zugeträufelt werden muß.

In den folgenden Tagen sollen die Larven im Futter schwimmen. Eine häufig zitierte Aussage, die jedoch keine konkrete Mengenangabe enthält. In all den Jahren, in denen ich mich mit der Larvenaufzucht beschäftige, mußte ich feststellen, daß der Begriff „im Futter schwimmen" äußerst „schwammig" ist. Bereits eine geringe Überdosierung an Futtermenge führt zu einer übermäßigen Belastung von Wasser und Larven durch organische Stoffe. Dies führt zu einem erhöhten Nitrat- und Phosphatspiegel. Insbesondere ein

Jungfisch von *Calloplesiops altivelis* im Alter von fünf Monaten.
Foto: Robert Brons

Jungfisch von *Calloplesiops altivelis* im Alter von 60 Tagen.
Foto: Robert Brons

Jungfische von *Calloplesiops altivelis* im Alter von fünf Monaten können durchaus noch zu mehreren gehalten werden.
Foto: Robert Brons

Die Büroklammer veranschaulicht die Größe von fünf Monate alten Mirakelbarschen.
Foto: Robert Brons

spotaner Anstieg des Nitritgehalts muß verhindert werden! Das heißt die Ernährung ist ein maßgeblicher Faktor für das Wohlergehen und das Überleben.

Zwei Dinge können hier helfen. Einerseits sind dies gut belüftete Tropfflaschen, aus denen Plankton langsam aber stetig in das Aufzuchtwasser zugetropft wird.

Durch diese Art der Zugabe erhalten die Larven stetig Nahrung, ohne daß sie jedoch in einem

Jungfische von *Calloplesiops altivelis* im Alter von 1,5 Jahren. Die Aufzucht ist gelungen!
Foto: Robert Brons

Futterüberschuß schwimmen müßten. Außerdem ist diese Methode für berufstätige Züchter sehr interessant, da hier die regelmäßige Fütterung quasi automatisch - auch nachts - erfolgt.
Eine andere Möglichkeit ist der Einsatz eines leistungsstarken Filters, der zusätzlich eingebaut werden kann. Dieser Filter dient vor allem dazu, anfallendes Ammoniak und Nitrit auf biologischem Wege zu entfernen. Ausgezeichnet bewährt hat sich hier der Filter mit Namen „MERLIN" der Firma Red Sea Fish Pharm Ltd. Ein Filter - eigentlich für den Einsatz im Riffaquarium gedacht - der auch bei der Aufzucht unschätzbare Dienste leistet.
Dieser Filter ermöglicht es, daß der sonst kontinuierliche Wasserwechsel stark eingeschränkt werden kann. Dies ist deshalb von Bedeutung, weil viele Larven durch das Absaugen des Wassers und des Bodengrunds einer extremen Streßsituation ausgesetzt werden, die mit Herz- und Kreislaufkollaps enden kann.
Trotzdem kommen wir um einen routinemäßigen, täglichen Wasserwechsel nicht umhin, da sich Phosphat und Nitrat im Wasser anreichern. Auch das stetig eingesetzte Phytoplankton ist nicht in der Lage, die Phosphat- und Nitratmengen vollständig aufzubrauchen. Diese beiden Substanzen sind aber bereits in geringen Konzentrationen für den Skelettaufbau der Larven schädlich. Diese Substanzen sind es, welche die Farbpigmentierungen verändern und für Deformationen von Schnauze und Wirbelsäule verantwortlich sind. Zwar findet sich ein vollständiges Filtersystem in dem anhängenden Aquarium unserer Aufzuchtanlage, in dem sich Blumentiere vermehren sollen, doch ist der Wasseraustausch während der Phase der Plankton- und Artemienverfütterung sehr stark reduziert.
Die anfänglich hohe Larvenzahl verleitet rasch zu euphorischen Hoffnungen. Die Wirklichkeit holt einen jedoch schnell auf den Boden der Tatsachen zurück. In den ersten sechs bis sieben Tagen sterben mehr als fünfzig Prozent der Larven. Ein natürlicher Prozeß, der sich auch im natürlichen Biotop vollzieht.
Die Ursachen für den Tod sind vielschichtiger Art. So verhungert eine Reihe von Larven, andere sind seit Geburt zu schwach gewesen. Andere wiederum können das Plankton nicht verdauen oder aber sie verweigern das Plankton. Bezogen auf das Verhungern, was meistens nachts geschieht, bin ich dazu übergegangen, in den ersten Tagen - bis zur Zufütterung von Nauplien unterschiedlichen Alters - eine Blaubeleuchtung die gesamte Nacht

Jungfische von *Amphiprion ocellaris* im Stadium der einsetzenden Metamorphose.
Foto: Robert Brons

Jungfisch von *Calloplesiops altivelis* im Alter von zwei Monaten. Auch hier im Größenvergleich eine Büroklammer.
Foto: Robert Brons

Amphiprion ocellaris-Jungfische im Alter von drei Monaten.
Foto: Robert Brons

über dem Aufzuchtaquarium brennen zu lassen. Durch diese Maßnahme gelang es mir, den größten Teil der Larven über die ersten 14 Tage zu bringen.
Es gibt noch andere Ursachen, weshalb Larven verhungern. Von Magen- und Darmverschluß einmal abgesehen, gibt es eine Reihe von Larven, die sich auf bestimmtes Plankton spezialisiert haben. Bei der künstlichen Nachzucht ist es unglücklicherweise nicht möglich, die gleiche Nahrungsvielfalt wie in der Natur zu bieten. Dabei erkennt die Larve das für sie relevante Plankton unter anderem an dessen Fortbewegungsart. Die Geschwindigkeit der Bewegung wird durch innere und äußere Faktoren, namentlich Temperatur und die chemischen Vorgänge in der Umwelt, beeinflußt. Die unterschiedliche Art der Fortbewegung stellt auch hier ein bedeutsames ökologisches Element im Wettbewerb um Raum, Nahrung und Sicherheit dar. Derartige Larven können im Aquarium - wenn überhaupt - nur in wenigen Exemplaren aufgezogen werden. Letztendlich ist auch der Nährwert des gefütterten Planktons ein wesentlicher Faktor, der zwischen Erfolg und Mißerfolg entscheidet.
Leider ist die künstliche Aufzucht von marinen Larven noch so in den „Anfangsschuhen", daß vielfach darüber gar nichts bekannt ist. Es gibt auf diesem Gebiet noch so unendlich viel zu tun.
Um die Größe aller Larvenstadien vergleichen zu können, beschränkt sich die Angabe der Planktongröße auf den Vergleich zum Augendurchmesser der Larven.

- Die Umstellung von Planktonfutter auf Ersatznahrung

Wenn sich der Augendurchmesser in etwa der Größe einer frischgeschlüpften Nauplie genähert hat - was je nach Larve und Schlupf nach fünf bis sieben Tagen - bis hin zu vierzehn und einundzwanzig Tagen - erreicht ist, beginnt eine Zufütterung mit Artemien.

Amphiprion melanopus-Jungfisch im Alter von einem Monat.
Foto: Robert Brons

Amphiprion melanopus-Jungfisch im Alter von fünf Monaten.
Foto: Robert Brons

Jungfisch von *Chrysiptera parasema* im Alter von 35 Tagen. Zum Größenvergleich: „Siporax“.
Foto: Robert Brons

Diese Erweiterung des Nahrungsspektrums wird deshalb notwendig, weil die kleinen Larven vom Plankton allein nicht mehr satt werden. Jetzt beginnt das nächste kritische Stadium, das es zu bewältigen gilt. Die ersten gehaltvollen Artemien werden verabreicht. Sie müssen von den Larven akzeptiert werden, um den vermehrten Energiebedarf decken zu können.
Gelingt es uns, die Larven auf Artemien umzustellen, dann wird auch die zukünftige Nahrungsumstellung einfacher werden. Die Planktonfütterung kann jetzt eingestellt werden.
Ab diesem Zeitpunkt ist es wichtig, umfangreichere regelmäßige Wasserwechsel vorzunehmen. Das zu ergänzende Wasser wird dem Schauaquarium (niemals frisch angesetztes Meerwasser verwenden!) entnommen und mit Spurenelementen und Vitaminen angereichert. Da marine Larven trinken, kann auch auf diesem Wege die Larve versorgt werden.
Jene Larven, die Artemien zu sich nehmen, werden recht schnell weiterwachsen und bald muß das nächst größere Futter angeboten werden, um den Hunger der unersättlichen Nachkommen zu stillen. Nun ist der Zeitpunkt eingetreten, wenn damit begonnen wird, den gereichten Artemien, Ersatznahrung - ausgesiebt auf Augengröße - beizumischen. Jetzt ist auch der Zeitpunkt gekommen, wenn die Larven erstmalig hungern müssen. Bis zu diesem Zeitpunkt, etwa drei bis sechs Wochen nach Schlupf, schwammen die Larven im Futter. Jetzt beginnen die ersten Hungerphasen, die zum Ziel haben, daß die Larven (mittlerweile schon kleine farbpigmentierte Fische) Ersatznahrung annehmen. Hier liegt es alleinig im Gefühl des Pflegers, wie das Verhältnis zwischen Nauplien und Ersatznahrung zu sein hat und wie es geändert wird, bis letztendlich keine Nauplien mehr verfüttert werden müssen. Zum Glück akzeptieren viele dieser kleinen Gesellen eine ganze Reihe von Frostfuttersorten. Hilfreich sind tiefgefrorene Artemien.
In diesem Stadium verliert man abermals Fischlarven oder bereits entwickelte Jungfische. Das heißt, das vorrangige Problem ist und bleibt die Beschaffung einer geeigneten Ersatznahrung.

- Die Metamorphose von der pelagischen Larve zum Fisch

Die Dauer der Umwandlung vom larvalen Stadium zum Fisch variiert stark. Während Anemonenfischlarven nach rund drei Wochen bereits als Fisch erkennbar sind, gibt es Larven, die dieses Stadium erst drei Monate später oder zu einem noch späteren Zeitpunkt erreichen. Nachfolgend einige Daten, deren Angaben überwiegend aus Freilandstudien stammen. Dies heißt nichts anderes, als daß sich die Zeiträume im Aquarium verlängern können.

Acanthuridae
Nach zwei bis drei Monaten verändert sich die Larve in einen kleinen Doktorfisch, dessen Größe bei rund 3 cm liegt.

Apogonidae
Der Zeitraum beträgt bei vielen Arten drei bis vier Wochen bis aus einer Larve ein kleiner Kardinalbarsch von etwa 2 cm geworden ist. Ausnahme ist *Pterapogon kauderni* der nach 28 bis 32 Tagen Brutzeit voll entwickelte und farblich pigmentierte Jungfische entläßt.

Blenniidae
Nach etwa 30 Tagen beginnt ein benthisches Dasein der Larven - ihre Entwicklung zum Fisch ist abgeschlossen. Die Fischchen messen etwa 1 bis 1,5 cm.

Callionymidae
Mit einer Länge von 5 mm ist die Metamorphose von Larve zu Fisch abgeschlossen. Dies ist nach etwa drei Monaten der Fall.

Jungfisch von *Pseudochromis fridmani* im Alter von 30 Tagen. Foto: Robert Brons

Chaetodontidae
Detaillierte Angaben fehlen. Die Wissenschaftler gehen jedoch von einigen Monaten aus, bis die Metamorphose abgeschlossen ist. Die Länge der Fische zu diesem Zeitpunkt dürfte um 2 cm liegen.

Cirrhitidae
Auch in diesem Fall ist die Zeitspanne bis zur abgeschlossenen Metamorphose unbekannt. Sie dürfte aber lang sein. Der postlarvale (dem Larvenstadium nachfolgend) Korallenwächter mißt etwa 3 mm. Der umgewandelte Büschelbarsch dürfte schätzungsweise eine Länge von einem Zentimeter haben.

Gobiidae
Nach rund sechs Wochen wandelt sich die Larve in einen benthisch lebenden Fisch um. Sie mißt zu diesem Zeitpunkt etwa fünf bis sieben Millimeter. Larven anderer Grundeln können schon mit 18 Tagen oder erst nach etwa 40 Tagen das Stadium der Metamorphose abgeschlossen haben. Die Länge ist ähnlich der angegebenen.

Microdesmidae
Definierte Zeiträume fehlen, es darf aber von etwa sechs bis acht Wochen ausgegangen werden.

Grammidae
Mit rund 1,5 cm sind aus den pelagischen Larven kleine Feenbarsche geworden. Eine Entwicklung, die rund einen Monat beansprucht.

Labridae
Die Artenfülle dieser Familie führt dazu, daß die Zeitspannen bis zur abgeschlossenen Metamorphose stark variieren. Generell kann aber die Aussage gemacht werden, daß die Fischentwicklung mit einer Länge von rund einem Zentimeter vollzogen ist. Bis dahin vergehen jedoch drei oder mehr Monate.

Malacanthidae
Unbekannt

Opistognathidae
Nach bereits rund 15 bis 18 Tagen begibt sich die Larve zum Bodengrund. Die Metamorphose ist beendet. Zu diesem Zeitpunkt mißt der kleine Fisch bereits 1 bis 1,5 cm.

Plesiopidae
Bei den Mirakelbarschen ist die Metamorphose nach etwa drei Wochen und einer Größe von etwa 0,8 cm abgeschlossen.
Bei der Gattung *Assessor* dauert die Metamorphose hingegen gut drei Monate. Die Larven sind dann etwa 1 bis 1,5 cm lang.

Pomacanthidae
Bereits nach drei bis vier Wochen und einer Länge von etwa 1,5 cm beginnt die Larve ein Leben als Fisch. Alle nötigen Umwandlungen einschließlich der Färbung sind abgeschlossen.

Pomacentridae
Bei den Anemonenfischen sind die Larven bereits nach acht bis vierzehn Tagen zu kleinen Fischen

Jungfisch von *Pseudochromis flavivertex* im Alter von 30 Tagen.
Foto: Robert Brons

Jungfische von *Pseudochromis flavivertex* im Alter von 30 Tagen. Zum Größenvergleich auch hier wieder die Büroklammer.
Foto: Robert Brons

umgewandelt, die rund 8 bis 10 mm lang sind. Bei den anderen Riffbarschen benötigen hingegen die Larven etwa drei bis vier Wochen, bis sie sich in kleine Fische von etwa 1 cm Länge umgewandelt haben. Ausgenommen hier *Acanthochromis polyacanthus*, aus dessen Eiern bereits 5 mm lange Jungfische schlüpfen (THALER 1998).

Pseudochromidae

Das larvale Stadium dauert etwa einen Monat, ehe dann etwa 1 cm lange Fische daraus hervorgehen.

Serranidae

Wie lange das Larvenstadium der Fahnenbarsche dauert, ist bislang unbekannt. Metamorphierte Fische finden sich in einer Länge ab 1 cm. Es ist wohl davon auszugehen, daß die Metamorphose etwa nach drei Monaten abgeschlossen ist.

Die hier gemachten Annäherungswerte verdeutlichen, wie lange es mitunter dauern kann, bis im Aufzuchtaquarium wirklich ein fertiger Fisch umherschwimmt. Und dann beginnen neue Schwierigkeiten, die sich bei zänkischen Arten schon im Larvenstadium abzeichnen können. Es ist die Aggressivität untereinander, die ihre Opfer fordert. Mitunter müssen schon drei Wochen alte Larven separiert werden, damit überhaupt die Chance einer erfolgreichen Nachzucht besteht. Die Separierung kann in kleinen Plastikgefäßen erfolgen, die mit einem Schwimmkörper ausgestattet sind und damit im Aufzuchtaquarium schwimmen. Die Wände der „Miniaquarien" müssen ausreichend perforiert sein, damit ein optimaler Wasseraustausch stattfinden kann.
Fazit ist, daß die Aufzucht von marinen Fischen sicherlich nicht einfach ist, und daß jede gelungene Nachzucht ein Erfolg ist, den es anzuerkennen gilt. Die hier angeführten Schwierigkeiten unterstreichen dies noch einmal. Selbst wenn nur ein einziges Exemplar eines einstigen Eies zu einem Fisch wird, ist dies ein Erfolg, der alles andere - nur nicht belächelt werden sollte.
Wie es mit den heutigen Möglichkeiten in der Nachzucht von marinen Wirbellosen bestellt ist, darüber geben die nächsten Seiten einen Überblick.

Zu diesem Kapitel verwendete Literatur:
BRONS, R. 1996; CHLUPATY, P. 1990; DÜRBAUM, J. 1997; FRISCHE, J. 1992; HENNINGSEN, A. D. 1989; LANGE, J. & KAISER, R. 1988, 1989; LEIS, J. M. & TRNSKI, T. 1989; MALPASS, D. JR. 1996; MASANET, P. 1995; SOHN, J. J. 1994; SPIES, G. 1984; THALER, E. 1993, 1998; TRESHER, R. E. 1984

Die vegetative Vermehrung sessiler Blumentiere

Bevor ich auf die Thematik dieses Kapitels eingehen werde, möchte ich darauf hinweisen, daß die derzeit im Umbruch befindliche Nomenklatur vieler Blumentiere hier noch keine Berücksichtigung findet. Dies deshalb, weil die Umbenennung vieler Arten bislang noch nicht endgültig ist, und deshalb Verwirrung stiften könnte. Wenn die Nomenklatur abgeschlossen ist und von den Aquarianern akzeptiert ist, wird auch in diesem Buch eine Überarbeitung erfolgen. Wer mehr über den derzeitigen Stand der Namensgebung erfahren möchte, dem seien die Bücher „Das Riffaquarium Teil 2" von Sprung & Delbeek und „Ihr Hobby Blumentiere im Meerwasseraquarium" empfohlen.

Alle Blumentiere haben die Fähigkeit sich sexuell fortzupflanzen. Bei der geschlechtlichen Vermehrung entsteht aus einer befruchteten Eizelle nach mehreren Teilungsschritten eine bewimperte Larve (Planula-Larve). Wenn unter den richtigen Gegebenheiten, wie dem Stand der Gezeiten, Neu- oder Vollmond, die notwendige Wassertemperatur, der richtige Salzgehalt oder die Gegenwart bestimmter Botenstoffe im Wasser vorliegen und alles in einem festgelegten Schema zusammentrifft, dann erfolgt ein gemeinschaftliches Ablaichen bestimmter Korallen. Beeindruckend wurde dies in einer Fernsehdokumentation des Z.D.F. unter dem Titel „Sex im Riff" festgehalten. Aber auch Roger Steene hat diese einzigartige gemeinschaftliche Vermehrung in Wort und Bild in seinem Buch „Wunderreiche der Natur" dokumentiert.

Größere Lederkorallen der Gattung *Sacrophyton* können durch Schnitt oder mit Hilfe einer Fadenschlinge hervorragend asexuell vermehrt werden.
Foto: Robert Brons

Mit Hilfe einer Fadenschlinge - beispielsweise aus einem Baumwollfaden - lassen sich größere Blumentierstücke schonend abtrennen.

Nur all dies nützt uns zunächst nichts! Im Aquarium können wir nicht alle Komponenten mit Signalfunktion, die zu einer sexuellen Vermehrung von Blumentieren führen, verwirklichen. Schon allein deshalb nicht, weil Vieles noch unbekannt ist. Im natürlichen Habitat findet die geschlechtliche Vermehrung in Rhythmen von Monaten, Wochen oder Tagen und zu bestimmten Jahreszeiten statt. Dabei spielen (wie schon erwähnt) zahlreiche Auslöser wie

Temperatur
Wassertiefe
Wasserbewegung
Nährstoffgehalt des Wassers
Beleuchtungsphase
Mondlicht

eine entscheidende Rolle.

So ergaben sich die durch verschiedene Aquarianer sporadisch gemachten Beobachtungen einer erfolgreichen sexuellen Fortpflanzung im Aquarium eher nach dem Zufallsprinzip als nach reproduzierbarem Wissen oder nachvollziehbaren Bedingungen. Ich möchte damit den Erfolg als solches wahrlich nicht schmälern, aber Fakt ist, daß sich solche Ereignisse nur schwer reproduzieren lassen.

Heinrich BARCHET beispielsweise gelang durch kurzzeitige Dichteerniedrigung auf 1.015 und anschließender Zugabe von Zinn (nach vorheriger Erhöhung des Salzgehalts auf 1.024) die Induktion der Spermatogenese einer *Heteractis magnifica*. Zu dumm nur, daß sich dieses Ereignis bislang nicht wiederholen ließ. Warum? Offensichtlich spielte ein weiterer, noch unbekannter Faktor eine Rolle.

Trotz aller Schwierigkeiten wird bei einigen Weichkorallen die geschlechtliche Vermehrung immer wieder beobachtet. So bei den Arten aus der Gattung *Xenia*. Die geschlechtliche Vermehrung verlangt allerdings hier ihre Opfer. Häufig ist der Verlust der Mutterkolonie zu beklagen.

Unter dem Begriff „asexuell" werden all jene Möglichkeiten zusammengefaßt, die eine Fortpflanzung beinhalten, die nicht auf dem geschlechtlichen Weg mit Eiern und Spermien beruhen.

BIRKHOLZ war einer der ersten Meerwasseraquarianer, die herausfanden, daß die Blumentiere über Ableger vermehrt werden können. Gleich den Pflanzen muß der Aquarianer ein Stück Gewebe abtrennen, woanders ansiedeln und schon ist ein neues Tier identischer Art „geboren".

So einfach sich diese Prozedur anhört, ganz so trivial ist sie in Wirklichkeit nicht.

Es müssen einige Grundvoraussetzungen erfüllt werden, damit das abgetrennte Gewebestück garantiert anwächst - und auch die Mutterkolonie bei dieser Form der Vermehrung keinen Schaden nimmt.

Zunächst sollte sich der Riffaquarianer bewußt machen, daß auch Niedere Tiere extrazelluläre Körperflüssigkeit enthalten. Folglich können auch Blumentiere verbluten. Deshalb ist es bei der Ablegergewinnung wichtig, keine zu großen Wunden zu verursachen, und die Koralle - sofern es sich um

Weichkorallen handelt - an der Schnittstelle kurzzeitig zuzudrücken. So gibt man sowohl dem Ableger als auch dem Muttertier die Möglichkeit, die Poren der Wunde zu verschließen. Ein bis zwei Minuten kräftiges Drücken reichen dabei völlig aus. Es gibt generell drei Möglichkeiten einen Ableger zu gewinnen:

1. Abbrechen
Diese Möglichkeit setzt voraus, daß ein hartes Skelett vorhanden ist. Diese Variante kommt bei Steinkorallen zur Anwendung. Unter Zuhilfenahme einer Zange wird das gewünschte Teil abgebrochen. Wie im Einzelnen vorgegangen wird, ist detailliert unter der Familienbeschreibung aufgeführt.

2. Schneiden
Diese Möglichkeit findet bei all jenen Blumentieren Anwendung, deren Gewebe weich ist. Vorsicht! Manche scheinbar weichen Gewebe haben ihre Tücken. Harte Kalksklerite behindern einen sauberen Schnitt. Die Trennung wird mit einem scharfen Messer, einem Skalpell oder mit einer in einem Korken fixierten Rasierklinge vollzogen. Wichtig dabei ist, daß keine Quetschwunden entstehen, da hierbei Gewebe verletzt werden könnte, das später abstirbt und schnell eine Angriffsfläche für Mikroorganismen bietet. Eine nachfolgende Infektion kann zum totalen Verlust von Muttertier und Ableger führen.

3. Fadenschlinge
Hierbei wird ein Nylon- oder Baumwollfaden so über den künftigen Ableger gestülpt, daß der Aquarianer die Schlinge anschließend vorsichtig zuziehen kann. Die Schlinge wird dabei ähnlich dem Seil eines Galgens - oder bei Beginn einer Strickarbeit - geschnürt. Übung ist hier alles - und sollte es nicht klappen, die meisten Frauen wissen bestens über die Anfertigung einer solchen Schlinge Bescheid.
Damit der Ableger sich vom Muttertier trennt, wird die Schlinge täglich ein wenig weiter zugezogen. Es ist lediglich darauf zu achten, daß keine Quetschungen entstehen, da sonst der gleiche Effekt wie mit der Schere entsteht.
Je nach Dicke des abzutrennenden Stücks erfolgt die Loslösung des Ablegers nach vier bis sieben Tagen. Der Vorteil dieser Methode liegt darin, daß sie äußerst schonend für Mutter und Jungtier ist. Während des Abtrennverfahrens bildet sich bereits neues Gewebe, das zwischen Ableger und Muttertier beidseitig die Wundoberflächen verschließt. Es gibt keine offene Wunde! Der Nachteil dieser Methode liegt darin, daß es wesentlich länger dauert bis sich der Ableger an dem ihm zugewiesenen Substrat anhaftet. Während dies bei geschnittenen Ablegern innerhalb weniger Tage gelingt, dauert es bei Jungtieren, die durch die Schlinge gewonnen wurden, mindestens 14 Tage. Wie schnell sich ein Ableger anheftet, ist entscheidend von der Oberflächenbeschaffenheit des Siedlungssubstrats und der Familienzugehörigkeit abhängig.
Die Reihenfolge der im Folgenden beschriebenen Blumentiere orientiert sich am Buch: „Ihr Hobby Blumentiere im Meerwasseraquarium“.
Die Vermehrung durch Ableger erfordert optimale Lebensbedingungen, sowohl für das Muttertier, als auch für den Ableger, wenn die Vermehrung erfolgreich sein soll.
Im Folgenden beschäftigen wir uns ausführlich mit dem Erhalt und der Kultivierung asexuell produzierter Ableger - nach den beschriebenen drei Methoden.
Noch ein Hinweis: Viele im Aquarium vermehrte Blumentiere dürfen nur mit einer sogenannten CITES-Bescheinigung gehandelt werden. Dies ist mit den zuständigen Behörden dringend zu beachten, möchte der Züchter Ärger vermeiden. Im letzten Kapitel des Buchs wird das Thema „CITES" noch einmal erörtert.

◆ Die asexuelle Vermehrung durch Ableger

Weich- und Lederkorallen - Ordnung: Alcyonaria
Die überwiegende Zahl aller Weich- und Lederkorallen sind mehr oder weniger stark verzweigt. Hier ist es relativ einfach, einen Ast abzutrennen und auf ein Stück Substrat aufzubinden. Ein einzelner - nicht zu dicker - Arm wird an seiner Basis abgetrennt. Sowohl die Wunde des Ablegers als auch die Verletzung des Mutterstocks wird durch kurzes Pressen mit Daumen und Zeigefinger geschlossen.
Alternativ kann mit einer Schlinge der Arm schrittweise über mehrere Tage hinweg abgetrennt wer-

den. Damit der Ableger sein eigenes Leben führen kann, ist es wichtig, daß ihm eine geeignete Unterlage angeboten wird, auf der er festwachsen kann. In der Praxis haben sich Bruchstücke von „Lebenden Steinen" ebenso bewährt, wie die Überreste einer einstigen *Fungia*. Ebenfalls ist Tuffgestein recht gut geeignet. Die Schwierigkeit bei der Befestigung des Ablegers besteht darin, diesen so aufzubinden, daß er weder verrutschen kann noch gequetscht wird. Es gibt verschiedene, praktizierte Methoden die zu einem Erfolg führen:

darauf, daß das Gummiband nicht in direktem Kontakt mit dem Gewebe des Ablegers steht. Es ist sinnvoll, den abgetrennten Arm zwischen zwei algenfreie Substratstückchen zu legen und diese mit dem Gummiband fest zu fixieren - ohne jedoch dabei den Ableger zu quetschen. Eine Variante, die bei all jenen Lederkorallen funktioniert, die nicht stark abschleimen. Ableger, deren Muttertier aus der Gattung *Cladiella* stammt, werden durch ihre starke Sekretabsonderung mit dem Beginn des Öffnens schnell aus dem Spalt rutschen und frei im Aquarium umhertreiben.

- Zahnstocher

Mit Hilfe eines hölzernen Zahnstochers ist es möglich, den Ableger quasi aufzuspießen, um ihn anschließend auf das Substrat aufzustecken (eventuell passende Löcher vorbohren). Voraussetzung für das Gelingen ist, daß dem Ableger

Wer sich in der vegetativen Vermehrung üben will, für den eignen sich Weich- und Lederkorallen ausgezeichnet. Es werden einfach einzelne Äste abgetrennt und auf einem geeigneten Substrat befestigt.

- Gummibänder

Des Öfteren werden zum Aufbinden des Ablegers auf ein Stück Substrat Gummibänder verwendet. Leider geben diese Materialien eine ganze Reihe von unerwünschten toxischen Substanzen an das Wasser ab und lösen sich, je nach Qualität, mitunter recht schnell auf. Wer trotzdem diese Art der Befestigung durchführen möchte, der achte ein ideales Substrat angeboten wird, auf dem er schnell aufwächst. Über das Holz selbst braucht sich der Aquarianer keine Sorgen zu machen, da dieses im Aquarium in ungiftige, organische Bestandteile verrottet.

- Baumwollfaden

Eine weitere Variante ist das Festbinden des Ablegers auf das gewünschte Substrat. Es ist dabei wesentlich, daß der Ableger fest mit dem Substrat verbunden ist und nicht lose in der Gegend „herumbaumelt". Letzterer Zustand führt nie zu einem Verwachsen mit dem Substrat. Zur Vereinfachung kann kurz nach der Trennstelle eine Nadel durch das Gewebe getrieben werden, was ein Festbinden des Ablegers vereinfacht.

Pilz-Lederkorallen lassen sich dadurch vermehren, daß entweder Stücke aus dem Teller geschnitten werden, oder aber die gesamte Krone per Fadenschlinge abgetrennt wird. Die Ableger werden mit einem Baumwollfaden befestigt.

- Das Substrat einwachsen lassen

Eine weitere Variante, den Ableger auf das gewünschte Substrat überzu siedeln besteht darin, daß zuerst der Arm des Muttertiers etwa zur Hälfte eingeschnitten wird. In die entstandene Schnittwunde wird ein längliches PVC-Röhrchen gelegt. Es dauert nicht lange und der Tierstamm umschließt das Röhrchen mit Gewebe. Ist dies geschehen, dann erfolgt ein zweiter Schnitt, der das PVC-Röhrchen mitsamt dem Arm vom Muttertier trennt. Das PVC-Röhrchen kann als Halter dienen und in eine geeignete Bohrung gesteckt werden.

- Stein auflegen

Mit Hilfe eines schweren Steins wird der Ableger auf dem ihm zugewiesenen Substrat verankert. Die Gefahr einer Quetschung ist hier zwar groß, aber gerade Arten der Gattung *Litophyton* wachsen bei dieser Methode innerhalb von zwei bis drei Tagen fest. Es muß natürlich gewährleistet sein, daß der Stein nicht durch andere Tiere oder die Strömung verschoben wird.

Alle hier aufgeführten Methoden helfen nicht, wenn der Standort falsch gewählt ist. Er sollte nach Möglichkeit dem Platz des Muttertiers ähnlich sein, wobei die Strömung ruhig stärker sein darf. Die intensivere Wasserzirkulation - vor allem um die Schnittstelle - dient dazu, verletztes und abgestorbenes Gewebe sofort abzutransportieren. Es wäre fatal, würde das Gewebe in Fäulnis übergehen (nekrotisch werden). Der Ableger hätte dann keine Chance, zu überleben.

Ist die Gewinnung eines Ablegers bei den baum- und strauchartig wachsenden Leder- und Weichkorallen einfach, bedarf es bei der asexuellen Vermehrung von platten- und pilzartig wachsenden Alcyonaceen einer anderen Vorgehensweise.

Um hier ein Fragment herauszuschneiden oder abzubinden, wird ein Teil des Randgewebes herausgetrennt. Bei Lederkorallen der Gattung *Sarcophyton* kann sogar der gesamte pilzartig wachsende Kopf (Hut) vom Fuß getrennt werden. So große Trennflächen sollten allerdings ausschließlich mit der schonenden Schlingenmethode durchgeführt werden. Die abgetrennten oder herausgeschnittenen Ge-

Durch Ableger lassen sich die meisten Lederkorallen problemlos vermehren; hier beispielsweise verschiedene Arten der Gattung *Sarcophton*. Sie wurden in Größen von 3 cm aus dem Muttertier herausgeschnitten.
Foto: Robert Brons

webeteile werden wie beschrieben befestigt, wobei die Beschaffenheit des Substrats dem bereits beschriebenen entspricht.

Wird bei den Pilzlederkorallen der gesamte Kopf abgetrennt, so sehen zunächst sowohl der kopflose Stiel, als auch der fußlose Hut eigentümlich aus. Es werden bei ordnungsgemäßer Durchführung bald aus der Schnittstelle des Stumpfs wieder neue Sekundärpolypen entwachsen. Der Kopf wird hingegen einen neuen Fuß ausbilden. Die Regenerationsfähigkeit von Blumentieren wird den Meerwasseraquarianer immer wieder in Erstaunen versetzen.

Ob die asexuelle (ungeschlechtliche) Vermehrung ein Erfolg war, ist bereits nach wenigen Stunden - spätestens am folgenden Tag - zu erkennen. Sowohl Mutterkolonie als auch Ableger müssen sich „öffnen" und so verhalten, als seien sie unverletzt. Sollte sich der Mutterstock normal verhalten, das abgetrennte Gewebe aber Schwierigkeiten machen, so ist zu prüfen, ob ein ungeeigneter Standort gewählt wurde. Der Ableger wurde vielleicht gequetscht oder durch die Nesselgifte eines anderen Blumentiers beeinflußt.

Leider ist es aber in den meisten Fällen so, daß die asexuell gewonnene junge Tierkolonie gequetscht wurden oder wird.

In den Herkunftsländern wird die hier geschilderte Methode auf ähnliche Art und Weise durchgeführt. Ein Teil einer Leder- oder Weichkoralle wird abgetrennt und in eine ausgewählte Lagune transportiert. Dort wird das Tier in kleine Gewebestücke geschnitten. Nach etwa drei bis sechs Monaten ist eine verkaufsfähige Kolonie auf geeignetem Substrat herangewachsen. Vorteil dieser praktizierten Methode ist der, daß immer ein großer Teil der eigentlichen Mutterkolonie am Riff belassen wird. Sie erholt sich und regeneriert rasch den Gewebeverlust.

Schwierig ist der Erhalt von Ablegern jener Leder- und Weichkorallen die große und zahlreiche Kalknadeln (Sklerite) in ihrem Gewebe eingelagert haben. Weder mit einem Skalpell noch mit einem scharfen Messer ist es möglich, einen glatten Schnitt durchzuführen.

Da es sich zumeist um tellerartig wachsende Tiere handelt, die lediglich kleine Arme aus diesem emporstrecken, scheidet auch die Fadenschlinge aus. Es bleibt einem in diesem besonderen Fall nichts anderes übrig, als den Schnitt mit einer scharfen Schere durchzuführen. Nach erfolgter Trennung müssen Mutter und „Kind" genaustens beobachtet werden. Schon geringe Anzeichen von verfaultem Gewebe müssen sofort entfernt werden. Hierzu kann die Strömung gezielt auf die Verletzung gerichtet werden, oder man säubert mit einem feinen Pinsel mehrmals die Schnittstelle.

Sind die Ableger erst einmal im Aquarium angewachsen, kann durch Verstellen der Strömung die zukünftige Form des Ablegers beeinflußt werden. Trifft der Pumpenausstoß von oben auf die Kolonie wächst sie flach; dafür aber in die Breite. Kommt der Wasserstrahl von der Seite, dann wird die Kolonie ebenfalls recht flachwüchsig, doch werden die Arme und Teller eher in die der Strömung abgewandten Richtung wachsen.

Strömt das Wasser von unten nach oben (vertikal) an der Kolonie entlang, erhalten wir hochstämmige Ableger. Auf diese Art und Weise lassen sich die unterschiedlichsten Wuchsformen erzielen.

Bei Gorgonien kann mit einer Zange ein Ast abgetrennt werden. Dieser wird in einem geeignetem Loch verankert, ohne daß er gequetscht wird, aber trotzdem unbeweglich verankert ist.

Rinden- oder Hornkorallen - Ordnung: Gorgonaria

Da das Skelett der Gorgonien sehr fest ist, wird sowohl die Verwendung von Skalpell als auch Messer wenig erfolgreich sein. Bewährt haben sich Zangen, mit denen sich sowohl das Gewebe als auch das aus Gorgonin (Hornmaterial) gebildete Skelett durchtrennen läßt. Bei der asexuellen Vermehrung wird ein einzelner Arm vom Mutterstamm abgetrennt.

Das Problem dabei ist das gequetschte Gewebe, das in der Folgezeit beobachtet werden muß. Wird nach wenigen Tagen das Gewebe um die Schnittstelle weiß, so ist dies ein Hinweis auf eine mögliche mikrobielle (zum Beispiel Bakterien, Pilze, Protozoen etc.) Infektion. Hier hilft jetzt nur noch, das Gewebe mit einem scharfen Messer etwa 3 cm oberhalb der Infektionsstelle einzuschneiden und dann zur Wunde hin abzuschaben. Eine vielfach bewährte Methode, die nicht nur einmal das Leben einer Gorgonie gerettet hat. Bei fachgerechter Durchführung dauert es nicht lange, und das freiliegende Gorgonin ist wieder mit intaktem Gewebe überzogen.

Die Befestigung des Ablegers ist recht einfach. Er wird in ein Loch geeigneter Größe gesteckt. Dabei ist darauf zu achten, daß der Ast fest in der Öffnung verankert ist und nicht von der Strömung hin und her bewegt wird.

Kleine Stückchen einer Röhrenkoralle erhält man durch Schnitt. Zur weiteren Kultivierung ist der richtige Standort entscheidend. Foto: Robert Brons

Alternativ kann der Ast auf das Substrat geklebt werden. Zu diesem Zweck bietet der Fachhandel einen Zweikomponentenkleber (meist zwei knetartige Materialien die miteinander im Verhältnis 1:1 vermischt werden) an, der unter Wasser aushärtet. Dieses Material eignet sich dazu, die Äste in den Öffnungen zu fixieren. Einfach aufgeklebt, bleibt der Kleber meist nicht haften. Er benötigt eine poröse Unterlage auf die er längere Zeit fest angepreßt werden muß.

Knop hat in einem seiner Artikel 1997 auf die Verwendung einer Klebepistole hingewiesen, die er zu diesem Zweck erfolgreich eingesetzt hat. Bei dieser Art der Verklebung wird mit Hilfe einer Klebepistole - in die eine Rolle eines Harzes eingeführt wird - das transparente Klebematerial verflüssigt und kann jetzt tropfenweise aufgebracht werden. Das Material härtet ebenfalls unter Wasser aus. Der Klebevorgang selbst erfolgt selbstverständlich außerhalb des Wassers! Das Material des Substrats sollte aus Kalk bestehen. Da Tuffgestein nur wenig porös ist, bieten sich in diesem Fall kleine Gesteinsbrocken aus „Lebendem Riffgestein" an.

Röhrenkorallen - Ordnung: Stolonifera

Im Gegensatz zu den bisher beschriebenen Blumentieren aus der Unterklasse Octocorallia haben wir bei den Röhrenkorallen nicht die Möglichkeit, Äste oder Fortsätze abzutrennen. Die Kolonie ist mit einem Stolonengeflecht auf dem Untergrund verwachsen und nur das Stolonengeflecht kann abgetrennt werden. Zu diesem Zweck bedienen wir uns eines scharfen Skalpells und schneiden kleine - Fünfmarkstück große - Kolo-

Röhrenkorallen vermehrt der Aquarianer am sinnvollsten, indem er der Kolonie ein Gesteinsstück vorlagert, auf das die Röhrenkoralle übersiedelt. Ist dies geschehen, dann wird das Substrat durch Schnitt wieder von der Kolonie getrennt.

Krustenanemonen können gleich den Röhrenkorallen vermehrt werden. Es wird einfach ein Substratstück vor die Kolonie gelegt und gewartet, bis dieses überwachsen ist. Dann wird das bewachsene Gesteinsstück mit einem Skalpell wieder von der Kolonie getrennt.

nien heraus, die mit Hilfe eines Baumwollfadens oder eines Zahnstochers auf algenfreiem Substrat befestigt werden. Schon nach kurzer Zeit wird bei ausgezeichneten Lichtverhältnissen, die herausgeschnittene Kolonie anwachsen und mit der Ausdehnung beginnen. Diese Methode läßt sich auch bei jenen Röhrenkorallen anwenden, deren Polypen in einer aus Kalknadeln geformten Röhre leben. Hier kommt jedoch eine Schere, statt einem Skalpell zum Einsatz.
Häufig ist es so, daß die Stoloniferen recht gut wachsen. Hier kann der Aquarianer auch ein Stück Kalkstein der Kolonie vorlegen und abwarten, bis dieses überwachsen ist. Dann wird mit einem Messer, einer Schere oder einem Skalpell der Übergang vom Substrat zur Mutterkolonie abgetrennt. Einer der Vorteile hierbei ist, daß das lästige Aufbinden auf das Substrat entfällt.

Krustenanemonen - Ordnung: Zoanthiniaria
Bei diesen ebenfalls flachwüchsigen Blumentieren, allerdings aus der Unterklasse Hexacorallia, kommt der Schnitt nur bei jenen Kolonien zur Anwendung, bei denen zwischen den Polypen Gewebe wächst, wie beispielsweise bei der Art *Palythoa tuberculata*. Hier wird der Schnitt mit einem scharfen Messer oder einem Skalpell bis zum Substrat hin durchgezogen. Vom Substrat muß das getrennte Koloniestück ebenfalls geschnitten werden. Die Trennung vom Substrat kann mit einer Schlinge aus Baumwollfaden durchgeführt werden.

Bei so dicht besiedelten Gesteinsstücken, kommt es häufig vor, daß sich einzelne Scheibenanemonen loslösen, um mit Hilfe der Strömung zu einem neuen Siedlungsplatz zu gelangen.

Beim Schnitt durch das Gewebe ist darauf zu achten, daß so wenige Polypen als möglich zerschnitten werden.
Das kalkhaltige Substrat, auf das die isolierte Kolonie aufgesetzt wird, muß algenfrei sein. Der Standort ist stark zu beleuchten und einer schwachen Wasserströmung auszusetzen.
Bei allen anderen Krustenanemonen, ist eine Teilung der Kolonie nur dadurch möglich, daß ein et-

wa fünfmarkstückgroßes Teil der Kolonie bis zum Substrat hin durchtrennt wird. Das Substrat selbst wird mit einer kräftigen Zange abgebrochen oder mit einer Säge mit geeignetem Sägeblatt durchgesägt. Ich persönlich bevorzuge die Variante mit der Säge, da hier eine exakte Trennung des Substrats erfolgt.
Alternativ kann der Krustenanemonenkolonie ein Substratstück vorgelagert werden, das nach der Besiedlung per Schnitt von der ursprünglichen Kolonie wieder abgetrennt wird.

Korallenanemonen - Ordnung: Corallimorpharia
Bei diesen Kolonien ist die asexuelle Vermehrung durch den Pfleger nur dadurch möglich, daß das Substrat mit einer Säge geteilt wird. Eine andere Möglichkeit besteht darin, die Kolonie so dicht wachsen zu lassen, daß einzelne Scheibenanemonen mangels Platz dazu veranlaßt werden, sich vom Substrat zu lösen. Nach dem Ablösen treiben die Tiere auf dem Bodengrund und können jetzt einfach eingesammelt und neu plaziert werden. Der neue Standort sollte den Umweltbedingungen des alten gleichen.

Anemonen - Ordnung: Actiniaria
Die Abtrennung eines Fragments durch Schnitt ist bei dieser Familie nur wenigen Spezialisten vorbehalten. Das Risiko des Verlusts ist zu groß.

Steinkorallen - Ordnung: Scleractinia
Vor wenigen Jahren noch war der Meerwasseraquarianer selig, wenn er Steinkorallen längerfristig im Aquarium pflegen konnte. Heute werden die astbildenden kalkhaltigen Riffbildner vermehrt und weitergegeben. Um einen Ableger zu erhalten, wird einfach ein Ast abgebrochen. Um möglichst wenig Gewebe zu beschädigen, wird dies mit Hilfe einer Zange durchgeführt.
Der Ableger selbst wird dann auf ein geeignetes Stück Substrat - bewährt haben sich Skelettteilchen anderer Steinkorallen oder Stücke aus „Lebenden Steinen" - gelegt und auf einem lichtexponierten Standort fixiert, der einer starken Wasserbewegung ausgesetzt sein sollte. Damit der Ableger fest mit dem Substrat verbunden ist, können hier die bereits genannten und beschriebenen Klebemethoden benutzt werden. Wird der Ableger so verklebt, daß er frei in den Raum hineinragt, dann ergibt sich bald ein natürlich wirkendes Bild. Unter guten Bedingungen dauert es nicht lange und der abgetrennte Steinkorallenast bildet eine neue Basalplatte aus und ist nun fest mit dem Untergrund verwachsen. In aller Regel wird in den folgenden Wochen auch das Klebematerial überwachsen und nichts erinnert mehr daran, daß diese Tochterkoralle einst Teil einer anderen Kolonie war.
Eine Schwierigkeit bei der Züchtung von Steinkorallenablegern ist der Erhalt der Farbe und der Festigkeit. Der Erhalt der Farbe - beispielsweise violett oder rosa - wird zu einem wesentlichen Teil durch das Licht bestimmt. Hervorragend bewährt haben sich die Leuchtmittel der Firma Aqualine Buschke die den Namen Aqualine 10000 tragen. Mit Hilfe dieser Brenner bildet die Steinkoralle die für sie typischen Farben aus. Ebenfalls gut geeignet sind die Brenner der Firma Osram mit dem Namen „Marine blue". Diese Brenner sind die Grundvoraussetzung zur Farbpigmentbildung. Hinzu kommt noch, daß die Lichtintensität dementsprechend hoch sein muß. Es darf folglich keinesfalls mit der Wattzahl pro Liter gespart werden. Gefördert wird die Farbintensität durch die regelmäßige Verabreichung von Spurenelementen und einer Eisen-II-Lösung. Ich habe sehr gute Erfahrungen mit der Lösung V_3 der Firma Aquacare machen können.
Spurenelemente entscheiden mit, wie porös neu gebildete Äste sind. Dazu kommt noch der Gehalt an Strontium, Barium, Calcium und Bicarbonaten. Ebenfalls zu einem wesentlichen Teil ist die Strömung für die Festigkeit des Kalkskeletts verantwortlich. Nur eine starke Strömung veranlaßt die Steinkoralle dazu, die Arme kräftig mit großem Durchmesser zu bilden. Dünne, langgezogene Ärmchen werden bei schwacher Wasserbewegung gebildet, da sie einen schnelleren Zugang zum Licht ermöglichen. Weshalb Steinkorallenableger bei einigen Aquarianern nur noch flachwüchsig die Dekoration überziehen, ist bislang nicht zufriedenstellend zu beantworten. Eine denkbare Ursache wäre ein Mangel an:

Steinkorallen lassen sich einfach durch Abbrechen vervielfältigen.
Foto: Robert Brons

Hier bleibt bislang nur die Hoffnung auf eine geschlechtliche Fortpflanzung.
Alle bis jetzt aufgeführten Methoden der künstlichen ungeschlechtlichen Vermehrung beruhen darauf, daß dem Elterntier ein Teil seines Gewebes abgetrennt wird. Um ein neues Blumentier zu erhalten, ist es entscheidend, daß der Ableger schnell wächst. Die besten Wachstumsraten erhält der Züchter durch Zuchtaquarien in denen sich nur Ableger einer Art finden. Dies ermöglicht ein zügiges Wachstum der Ableger.
Dies heißt selbstverständlich nicht, daß die bisher vorgestellten Möglichkeiten der Vermehrung nicht im Schauaquarium ebenso praktikabel wären. Die

Strömung
Licht
Spurenelementen

Ist die Vermehrung bei den astbildenden Steinkorallen mit hermatypischer Lebensweise einfach, so gibt es bei den großpolypigen Arten einige Probleme. Ihnen kann der Aquarianer nicht einfach ein Stück entfernen. Gelegentlich wird zwar berichtet, daß die Tiere mit einem feinen Sägeblatt zu trennen sind, doch kann diese Methode im Augenblick nicht empfohlen werden.
Denn erschwerend kommt hinzu, daß sich bei diesen Arten ohnehin meist nur die Polypen stark vergrößern und wachsen, das Kalkgerüst nimmt hingegen kaum an Masse zu.

Die vegetative Vermehrung großpolypiger Steinkorallenarten stößt auf fast unüberwindliche Probleme, da diese Korallen auf Verletzungen sehr empfindlich reagieren und sich nur unter idealen Verhältnissen erholen. Die asexuelle Vermehrung dieser Arten muß einigen Spezialisten vorbehalten bleiben.

vielen verschiedenen Blumentiere mit ihren unterschiedlichen, wachstumsinhibierenden Sekretionsprodukten sind allerdings für einen raschen Aufwuchs von Tochterkolonien eher hinderlich. Trotzdem gibt es heute viele Aquarien, deren sessiler Besatz aus Blumentieren durch die hier vorgestellte Art der Vermehrung entstanden ist. Neben der durch den Pfleger durchgeführten „Fortpflanzung" vollziehen viele festsitzende Korallen verschiedene Formen der asexuellen Vermehrung. Die für die Aquaristik relevanten sind nachfolgend aufgeführt.

◆ Andere Möglichkeiten der asexuellen Vermehrung

a) Knospung

Die Knospung beschreibt einen ungeschlechtlich stattfindenden Vermehrungsprozeß, bei dem es zu einer Abschnürung eines Teils des Körpergewebes kommt. Es gibt verschiedenen Arten der Knospung:

- Längsteilung

Bei dieser Form der asexuellen Vermehrung wird der Körper des Hohltiers in Längsrichtung von oben nach unten halbiert.

- Querteilung

Diese Möglichkeit der ungeschlechtlichen Fortpflanzung basiert auf dem Prinzip, daß sich der Körper an einer bestimmten Stelle in vertikaler Ebene abschnürt. So kann beobachtet werden, wie sich das Hohltier in einen vorderen und hinteren Teil zerteilt. Fehlt dem vorderen Teil ein Stück des Fußes, dann muß der hintere Bereich Tentakelkranz und Kloakenöffnung regenerieren.

Lederkorallen aus der Gattung *Lobophytum* vermehren sich durch Knospung.
Foto: Robert Brons

Der Prozeß der Knospung ist der häufigste Prozeß bei der ungeschlechtlichen Vermehrung. Hier ist nach diesem Prinzip eine neue Lederkoralle entstanden.

- Seitliche Knospung

Bei dieser Form der ungeschlechtlichen Fortpflanzung wird an einer beliebigen Stelle des Fußes der Ableger ausgebildet.

Alle hier aufgeführten komplexen und mannigfaltigen Formen der Vermehrung haben überwiegend das Ziel, den Tierstock zu vergrößern. Dabei kann eine Knospung auch aus einem Stolonengeflecht erfolgen, was dann gemeinhin als Stolonisation bezeichnet wird.

Bei der seitlichen Knospung kann eine dauerhafte Bindung zwischen Muttertier und Sprößling erhalten bleiben. Alternativ kann sich die neue Knospe nach einer gewissen Zeit von dem Ursprungspolypen trennen und fortan ein eigenständiges Leben führen.

b) Lazeration

Bei dieser Form der ungeschlechtlichen Vermehrung wird ein Teil der Fußscheibe ausgestülpt und anschließend abgeschnürt. Aus dem getrennten Fußteil entsteht ein neuer Polyp.

Durch Fragmentation enstandene Ableger einer Lederkoralle. Damit die einzelnen Äste abfallen konnten, ging eine Mazeration des Gewebes voraus.
Foto: Robert Brons

c) Mazeration

Beschreibt eine Gewebedesintegration. Dies ist im eigentlichen Sinne keine Form der Vermehrung sondern ein proteolytischer Prozeß, der die Loslösung vom Mutterpolypen ermöglicht. In der Botanik kann dieser Vorgang mit Kaliumchlorat und Salpetersäure - bezeichnet als Schulzesches Gemisch - durchgeführt werden. Diese Mixtur bewirkt bei Pflanzenzellen, daß sich das Protopektin auflöst, während die cellulosehaltigen Zellwände der Behandlung widerstehen. Im Tierreich werden andere Mechanismen aktiviert, die jedoch zum gleichen Resultat führen: Zellen werden aus dem Gewebeverband herausgelöst, d.h. desintegriert.
Nach der Beschreibung der bei den Korallen üblichen Möglichkeiten der asexuellen Vermehrung, soll im Folgenden wieder unter dem Oberbegriff der Familie beschrieben werden, welche Methode von diesen Blumentieren selbst zur ungeschlechtlichen Teilung bevorzugt durchgeführt werden.

Weich- und Lederkorallen - Alcyonaria

Die Gattung *Sarcophyton*

Die hochgewachsenen Pilzlederkorallen der Gattung *Sarcophyton* bevorzugen bei ihrer ungeschlechtlichen Vermehrung die seitliche Knospung. Hier entsteht in der Nähe der Fußscheibe eine neue Lederkoralle im Miniformat, die sich allmählich zu einer großen Pilzlederkoralle entwickelt. Diese bleibt zunächst mit dem Muttertier verbunden. Wann und wodurch der Prozeß der Mazeration einsetzt ist unbekannt.

Die Gattung *Sinularia* und *Lobophytum*

Hier wird ebenfalls die seitliche Knospung bevorzugt. Bei den hochgewachsenen Arten erfolgt die Knospung analog zur Gattung *Sarcophyton*. Bei den flachwüchsigen Arten wird der neue Ableger nicht selten aus einer vorher nicht festzulegenden Stelle der „Polypenplatte“ ausgebildet. Die Mazeration setzt bei diesen Polypen sehr früh ein. Der neue Ableger rollt vom Teller des Mutterpolypen herunter, um sich in der Nähe des Muttertiers anzusiedeln.
Einige flachwüchsige Arten dieser Gattung betreiben Lazeration. Hierzu zählt die Art *Sinularia brassica*. Die Jungtiere lösen sich nicht vom Muttertier, so daß die Kolonie im Ursprung von einem einzigen Tierstock abstammt.

Die Gattung *Cladiella* und *Alcyonium*

Neue Polypen entwachsen ebenfalls durch seitliche Knospung aus dem Hauptstamm des Muttertiers. Eine Mazeration wird hingegen nur selten beobachtet. Die Kolonie wird durch die auf diese Weise entstandenen Ableger schnell vergrößert. Die Vermehrung bei diesen Gattungen scheint die geschlechtlichen Fortpflanzungen zu sein. Details zu dieser Form der Vermehrung fehlen.

Der Prozeß der Lazeration ist bei *Anthelia*-Arten die übliche Form der asexuellen Fortpflanzung.
Foto: Robert Brons

Durch Lazeration vermehren sich die meisten Xeniiden. Dabei wird selbst vor Aquarienscheiben kein Halt gemacht.

Die Gattungen *Xenia*, *Cespitularia* und *Anthelia*
Bei diesen Weichkorallen wird bei der ungeschlechtlichen Vermehrung die Lazeration bevorzugt. Wann der Prozeß der Mazeration einsetzt und durch welche Faktoren die Loslösung induziert wird ist unbekannt. Viele Arten dieser Gattungen bleiben zeitlebens über ein Kanalgeflecht miteinander in Verbindung.

Die Gattung *Nephthea*, *Lemnalia*, *Litophyton* und *Dendronephthya*
Die bäumchenartig wachsenden Weichkorallen vermehren sich ungeschlechtlich durch seitliche Knospung. Dabei entsteht in der Nähe der Fußscheibe die neue Kolonie, die sich im Laufe der Entwicklung von dem Muttertier durch Mazeration abnabeln kann. Sie kann aber ebenso mit dem elterlichen Tierstock zeitlebens in Verbindung verbleiben. Der Kontakt erfolgt über ein Kanalsystem.

Rinden- oder Hornkorallen - Gorgonaria
Diese Blumentiere bevorzugen die geschlechtliche Vermehrung. Nur selten ist durch seitliche Knospung in der Nähe der Fußscheibe eine neue Gorgonie zu entdecken. Die geschlechtliche Fortpflanzung zählt im Aquarium, von zufallsbedingten Ereignissen einmal abgesehen, bislang nicht zur Normalität.

Röhrenkorallen - Stolonifera
Diese Tierstämme vermehren sich ungeschlechtlich durch seitliche Knospung, die in diesem besonderen Fall auch Stolonisation genannt wird. Alle neugebildeten Ableger bleiben über das Stolonengeflecht miteinander in Verbindung.

Krustenanemonen - Zoanthiniaria
Die prächtigen Kolonien der Krustenanemonen entstehen durch Lazeration, seitliche Knospung oder in vereinzelten Fällen durch Längsteilung. In aller Regel bleiben die Mitglieder einer Kolonie

durch ein Kanalgeflecht in Verbindung. Die Lazeration wird von den großpolypigen Arten angewendet, während die seitliche Knospung und Längsteilung bei den kleinpolypigen Arten zu beobachten ist. Ebenfalls durch Lazeration vermehrt sich die gelbe Krustenanemone aus der Gattung *Parazoanthus*. Auffallend bei diesen Arten ist, daß sich nach einer gewissen Zeit die Ableger von der Mutter trennen und ein eigenständiges Dasein führen. Interessant dabei ist, daß diese Krustenanemone trotzdem im Kolonieverband leben, obwohl jedes Exemplar eine solitäre Lebensweise hat.

Nachdem der Fuß ausgestreckt wurde, wird ein Teil von diesem abgerissen. Es entsteht eine neue Scheibenanemone.

Durch Lazeration enstandener neuer Polyp einer *Parazoanthus*-Kolonie.
Foto: Robert Brons

Die meisten Anemonen aus der Gattung *Heteractis* vermehren sich geschlechtlich.

kleine Scheibenanemone entwickelt, die dem Elterntier exakt gleicht. Die einzelnen Polypen sind nicht über ein Stolonengeflecht miteinander verbunden, sondern führen ein autarkes Leben.
Bei den sehr großen Arten dieser Familie erfolgt die asexuelle Vermehrung weniger häufig durch Lazeration. Hier findet vielmehr eine Längsteilung statt, wodurch die Korallenanemonen exakt in zwei identische Hälften getrennt werden. Der Vorgang der Trennung durchzieht die Mundscheibe. Dabei ist zu beobachten, daß sich die Scheibenanemone quasi zerreißt. Damit diese Art der ungeschlechtlichen Fortpflanzung durchgeführt werden kann, ohne daß das Tier verblutet, muß an der vorgesehenen Soll-Trennlinie zunächst der Prozeß der Mazeration initiiert werden. Mit dem Beginn der Gewebedesintegration erfolgt der Aufbau neuer Gewebewände. Eine sehr komplizierte Teilungsform, die bislang nur unvollständig untersucht ist.
Dieses Prinzip der ungeschlechtlichen Fortpflanzung wird vornehmlich von den Arten der Gattung *Amplexidiscus, Rhodactis* und *Metarhodactis* praktiziert.

Korallenanemonen - Corallimorpharia

Die überwiegende Zahl der Scheibenanemonen vermehrt sich per Lazeration. Dazu wird zunächst ein kleines Stück des Fußes über die Scheibe des Mutterpolypen ausgestülpt. Dann erfolgt die Lazeration. Nach einigen Tagen hat sich aus dem Gewebestückchen eine

Bei den Arten der Gattung *Parazoanthus* ist auffallend, daß die einzelnen Koloniemitglieder nicht mehr in direktem Kontakt zueinander stehen, auch wenn dieses Bild einen anderen Eindruck vermittelt. Foto: Robert Brons

Anemonen - Actiniaria

Eine Reihe von Symbioseanemonen vollziehen ihre Vermehrung ausschließlich auf dem geschlechtlichen Wege. Wenige hingegen - dazu gehören die Arten E*ntacmaea quadricolor* und *Heteractis magnifica* - können sich durch Längsteilung asexuell vermehren. Der oder die auslösenden Faktoren für diese Form der Fortpflanzung sind unbekannt, jedoch von der Größe der Tiere unabhängig. Die bevorstehende Teilung ist daran zu erkennen, daß das Tier mit dem Wandern beginnt. An einem geeigneten Standort - der bisher nicht definiert werden kann - beginnt die Aktinie damit, sich nach zwei Seiten auseinanderzuziehen. Der Vorgang der Mazeration und die Bildung neuer Zellwände ist zu diesem Zeitpunkt weitestgehend abgeschlossen. Die Anemone vollzieht eine Längsteilung durch die Basis der Mundscheibe. Bei einer etwa 20 cm breiten Aktinie dauert der Vorgang der Teilung rund drei Stunden. Als Startpunkt der zeitlichen Messung dient die Fixierung des Platzes, an dem das Ereignis stattfinden wird.

Steinkorallen - Scleractinia

Die Ausbildung neuer Äste und Gewebestücke beruht auf dem Prinzip der seitlichen Knospung. Auf diese Weise wird nur gelegentlich eine neue Kolonie gebildet. Vorrangigstes Ziel ist die Vergrößerung des Korallenstocks, dessen Ausrichtung zum Licht hin erfolgt.

Der Erhalt neuer Ableger wird asexuell nur durch Abbruch vollzogen. Ein Wirbelsturm beispielsweise kann bei Steinkorallen das Ereignis der ungeschlechtlichen Vermehrung erzwingen.

Ansonsten erfolgt die Fortpflanzung bei Steinkorallen auf geschlechtlichem Wege.

Zu diesem Kapitel verwendete Literatur:
Balling, H. W. 1995; Delbeek, C. J. & Sprung, J. 1994, 1998; Erhardt, H. & Mossleitner, H. 1995; Fautin, D. G. & Allen, G. R. 1994; Fossa, S. A & Nilsen, A. J. 1995; Frische, J. 1992, 1997; Hebbinghaus, R. & Zahn, M. 1993; Knop, D. 1997, 1998; Lange, J. & Kaiser, R. 1991; Steene, R. 1991; Stüber, D. 1994; Wilkens, P. 1987; Wilkens, P. & Birkholz, J. 1986

Aus Resten zu neuem Leben erwacht. Steinkorallen haben eine erstaunliche Regenerierungsfähigkeit. So ist es möglich, daß sich aus Gewebestücken neue Kolonien entwickeln, wie dieses Beispiel einer *Blastomussa wellsi* zeigt, die zuvor von Falterfischen fast völlig aufgefressen wurde.

Durch Lazeration vermehren sich die meisten Xeniiden. In einigen wenigen Fällen - hier an der Kolonie außen links - wird eine Vermehrung per Knospung durchgeführt.

Die geschlechtliche Vermehrung agiler und sessiler Wirbelloser

In diesem Punkt stehen unsere aquaristischen Bemühungen bei vielen sessilen Korallen erst am Anfang. Ich behaupte sogar, daß wir bei der geschlechtlichen Vermehrung von Fischen weiter fortgeschritten sind. Nicht nur, daß es wesentlich häufiger im Riffaquarium gelingt, Fische zur geschlechtlichen Fortpflanzung anzuregen, auch die Aufzucht der Larven im Binnenland gelingt wesentlich häufiger, als bei den sessilen Blumentieren. Wie sieht nun konkret die derzeitige Situation bezüglich der sexuellen Fortpflanzung bei Wirbellosen aus?

Nur wenige Weichkorallen vermehren sich geschlechtlich im Aquarium. Zu ihnen gehören Arten aus der Familie Xeniidae.
Foto: Robert Brons

Sessile Niedere Tiere

Durch das im Aquarium selten stattfindende Ereignis der geschlechtlichen Vermehrung bei den beschriebenen Korallen aus der Unterklasse Hexacorallia und Octocorallia kann zusammenfassend die Aussage getroffen werden: Die Voraussetzungen zur geschlechtlichen Nachzucht sind in vielen Teilen noch unbekannt. Die vielen Parameter, welche die Abgabe von Spermen und Eizellen induzieren, sind vielfältig und bereits erörtert.
Die monogame Komponente spielt bei den sessilen Blumentieren keine Rolle, da die meisten von ihnen zwittrig oder simultanhermaphroditisch sind. Dies heißt: Sie sind in der Lage, zuerst Spermien und zeitlich versetzt Eier abzugeben; abgesehen von einigen Symbioseanemonen aus der Ordnung Actiniaria. Hier finden sich vielfach getrenntgeschlechtliche Tiere. Es ist unmöglich zu definieren, wodurch sich männliche und weibliche Aktinien unterscheiden - außer in den Fortpflanzungsprodukten. Aus den befruchteten Eiern entstehen planktisch lebende Planulalarven, die nach einer bestimmten Zeit den Bodengrund aufsuchen, um sich hier anzuhaften. Dann beginnt Die Entwicklung zu einem sessilen Polypen.

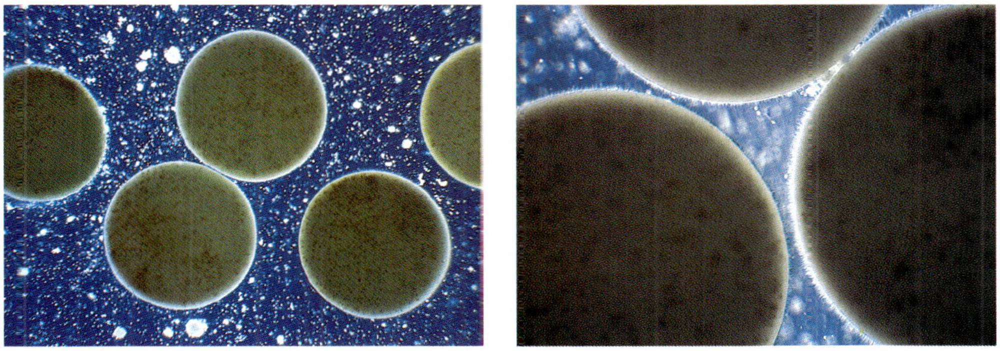

Bewimperte Oozyten einer Anemone aus der Gattung *Heteractis*. Leider vermehren sich die meisten Symbioseanemonen auf geschlechtlichem Wege. Eine asexuelle Vermehrung ist eher die Ausnahme.
Fotos: Robert Brons

Die Schwierigkeiten bei der sexuellen Vermehrung von Blumentieren werden vor allem bei jenen Familien sichtbar, die sich nicht durch Ableger (oder nur eingeschränkt), reproduzieren lassen. Dazu gehören alle großpolypigen Steinkorallen - ausgenommen die Gattung *Fungia* und *Herpolitha*. Bei diesen Tieren findet eine Vermehrung durch Anthocauli statt. Die Jungtiere resultieren zwar aus einer ungeschlechtlichen Vermehrung, aber es handelt sich um kleine lebensfähige Tochterkolonien.

Die Arten der Gattung *Euphyllia* sind meines Wissens hingegen bislang noch nie im Aquarium vermehrt worden.

Das Gebiet der sexuellen Fortpflanzung bei sessilen Blumentieren ist immer noch weitestgehend unerforscht und es bedarf noch großer Anstrengung um hier die gewünschten Resultate im Aquarium zu erzielen.

Es gibt unter den Niederen Tieren nicht nur die Korallen, sondern auch viele andere Wirbellose. Ihre Vermehrung beschränkt sich ausschließlich auf die geschlechtliche.

Agile Niedere Tiere

1) Muscheln - Klasse: Bivalvia

Es gibt nur wenige Muscheln, die in einem Riffaquarium gepflegt werden. Dazu zählt die Feilenmuschel *Lima scabra*. Hier beschränkt sich das vorrangigste Ziel auf die langjährige Pflege dieser wunderschön gefärbten Art. Die Muscheln sind nach FOSSA & NIELSEN getrenntgeschlechtlich. Eine überraschende Aussage, lehren uns doch die wissenschaftlichen Bücher, daß die überwiegende Zahl aller Muscheln zwittrig sind.

Von der erfolgreichen Pflege her betrachtet, sind nur die Riesenmuscheln aus der Familie Tridacnidae erwähnenswert.

Vereinzelt wurde bereits über die erfolgreiche Abgabe von Spermien und Eiern im Aquarium berichtet. Diese Beobachtungen sind eher zufällig, und scheinen nicht reproduzierbar gewesen zu sein. Ursachen scheinen Streßsituationen zu sein. Hohe Wassertemperaturen oder drastische Milieuveränderungen könnten für die Auslösung der Abgabe der Fortpflanzungsprodukte verantwortlich sein.

Muscheln sind in aller Regel hermaphroditisch. Die Riesenmuscheln bilden jedoch eine Ausnahme. Es handelt sich bei diesen um Simultanhermaphroditen. Dies bedeutet, daß zuerst die männlichen Fortpflanzungsprodukte abgegeben werden; einige Zeit später die Eizellen.

Nach erfolgter Abgabe der Geschlechtsprodukte und ihrer Verschmelzung entwickeln sich innerhalb von zwölf Stunden Trochophora-Larven, die sich nach rund 36 Stunden zu sogenannten Veliger-Larven weiterentwickeln. Die Larven in diesem Entwicklungsstadium setzen sich zu Boden und scheiden dort zunächst eine Schale ab. Erst mit zunehmenden Alter werden die Schalen entlang der Rückenlinie auseinandergeklappt.

Nachzuchtversuche von Riesenmuscheln im Binnenland sind bislang erfolglos geblieben. Nicht so die kommerzielle Zucht in Muschelfarmen. Hier macht man sich die Vorteile des natürlichen Meerwassers zur Aufzucht zu Nutze. Die geschlechtliche Fortpflanzung wird künstlich induziert. Es handelt sich hier allerdings ausnahmslos um Methoden, die dem einfachen Meerwasseraquarianer nicht möglich sind. KNOP hat in seinem Buch über Riesenmuscheln neben vielen anderen Themen auch dieses Kapitel ausführlich abgehandelt. Auf die Rolle der Muschelfarmen werde ich im Kapitel „Zukunftsperspektiven mariner Nachzuchten" noch einmal eingehen.

Bleibt festzuhalten, daß es bislang keinem enthusiastischen Binnenland-Meerwasseraquarianer gelungen ist, die Muscheln erfolgreich nachzuziehen. Hier liegt noch viel Entwicklungsarbeit vor uns.

2) Schnecken - Klasse: Gastropoda

Den Muscheln nahe verwandt, da sie ebenfalls in den Tierstamm der Weichtiere (wissenschaftlich Mollusca tituliert) gehören, sind die Schnecken. Hier finden sich eine ganze Reihe interessanter Arten, die gerne im Riffaquarium gepflegt werden. Unter ihnen finden sich viele Arten, die sich im Aquarium vermehren lassen.

Die marinen Schnecken haben in ihren Fortpflanzungsstrategien ein reichhaltiges Repertoire entwickelt. Bezüglich der geschlechtlichen Zuord-

Riesenmuscheln aus der Gattung *Tridacna* werden in großen Zuchtfarmen nachgezogen. Im Prinzip reicht zur Vermehrung eine Riesenmuschel aus. Es handelt sich um Simultanhermaphroditen.

nung läßt sich prinzipiell festhalten, daß eine ganze Reihe von Vorderkiemern getrenntgeschlechtlich ist, während Hinterkiemer und Lungenatmer zwittrig sind. Zu den Vorderkiemern zählen beispielsweise die Gattung *Turbo* oder *Astraea*. Auch die Kaurischnecken der Gattung *Cypraea* zählen zu den Vorderkiemern.

Die Abgabe der Larven variiert stark. Viele Vorderkiemer geben die Fortpflanzungsprodukte frei ins Wasser ab, andere wiederum legen Eikapseln auf geeignete Substrate.

Arten der Gattung *Cypraea* betreiben sogar eine gewisse Art der Brutpflege, indem sie während der Brutzeit von rund 14 Tagen ihren fleischigen Fuß solange auf die Eikapseln legen, bis die kleinen Larven schlüpfen.

Gut Erfolge in der Vermehrung sind von der Art *Scutus unguis* zu vermelden, einer Schnecke mit schwarzen Hautlappen und einem fingernagelgroßen weißen Gehäuse. Es handelt sich um nachtaktive Weidegänger. Schon oft konnte ich von diesen Schnecken, von denen sich fünf Exemplare im Aquarium befinden, Nachwuchs im Filter oder des nachts im Schein der Taschenlampe an der Aquarienscheibe beobachten. Ich möchte allerdings betonen, daß es sich um reine Zufallszuchten handelt. Ich kann das „Wie und Weshalb" nicht beantworten. Trotz des Fischreichtums, den mein Riffaquarium beinhaltet, scheinen die Schnecken-Larven ausreichend Unterschlupf und Nahrung zu finden.

Zu den Hinterkiemern gehören die vielen Nackt-

schnecken. Unter ihnen die bekannte Spanische Tänzerin *Hexabranchus sanguineus*. Prinzipiell reichen bei den meisten Hinterkiemern zwei Artgenossen aus, um ein Paar zu bilden. Eine zwittrig angelegte Schnecke kann sich unter bestimmten Voraussetzungen auch allein fortpflanzen.
Leider gelingt es im Aquarium nur selten Nacktschnecken - abgesehen von den parasitierenden Formen - zu pflegen, geschweige denn zu vermehren. Gerade die farbenprächtigen Arten sind ausnahmslos Nahrungsspezialisten und bleiben im Aquarium nur kurzzeitig am Leben (das heißt sie verhungern!). Es ist einfach nicht möglich, das benötigte Futter langfristig zur Ernährung beizusteuern.

Vorderkiemer - hierzu zählt die Gattung *Turbo* - sind überwiegend getrenntgeschlechtlich.

Die Fortpflanzung erfolgt auf sexuellem Wege, wobei eine innere Befruchtung erfolgt. Bei der zwittrigen Weinbergschnecke *Helix pomatia* ist beispielsweise zusätzlich ein sogenannter Liebespfeil vorhanden, der während der Kopulation in den Fuß des Geschlechtspartners gestoßen wird. Ob derartige Utensilien auch bei dem einen oder anderen marinen Hinterkiemer vorhanden sind, entzieht sich meiner Kenntnis.
Bei beiden kopulierenden Tieren erfolgt die gleichzeitige Befruchtung der Eizellen.
Nach erfolgter Kopulation werden die befruchteten Eier abgelegt. Dabei kann es sich um farbenprächtige Gebilde handeln. Nicht selten sind derartige Gelege im Aquarium zu sehen, wenn mehrere Nacktschnecken einer Art gepflegt werden. Die Eiablage ist nichts ungewöhnliches, da viele Hinterkiemer ein nur kurzes Leben führen und die ihnen verbleibende Zeit zur Sicherung der Nachkommenschaft nutzen müssen. Obwohl die Schneckenlarven schlüpfen gelingt die Aufzucht mangels geeignetem Futter nicht.

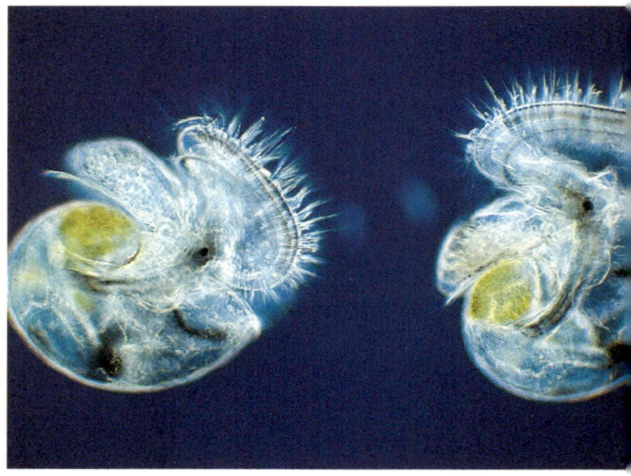

Planktonische Veliger-Larve eines unbekannten Mollusken. Foto: Robert Brons

3. Seewalzen und Seegurken - Klasse: Holothuroidea

Die überwiegende Zahl dieser Tiere ist getrenntgeschlechtlich. Zudem ist ihr Ablaichzyklus auf nur wenige Wochen im Jahr begrenzt. Die Geschlechter sind äußerlich nicht zu unterscheiden. Zumeist beginnt das Männchen damit, einen Teil seines Körpers in die Höhe zu strecken. Daraufhin werden die Spermien zusammen mit chemischen Lockstoffen ins Wasser abgegeben. Kurze Zeit später folgen die weiblichen Tiere mit der Abgabe der Eizellen. Eine erfolgreiche Aufzucht ist bislang nicht gelungen, wobei das Interesse allerdings nicht so groß sein dürfte, da die Pflege dieser Wirbellosen im Riffaquarium stark umstritten ist. Der Grund liegt in der Giftigkeit der Cuvierschen Fäden, die bei Belästigung ausgestoßen werden.

4. Seeigel - Klasse: Echinoidea

Auch bei den Seeigeln gibt es Männchen und Weibchen. Phänotypisch ist keine geschlechtsspezifische Zuordnung möglich. Interessanterweise ist Thaler hier ganz anderer Meinung: Sie geht davon aus, daß alle Seeigel Simultanher-

Der kurzstachelige Seeigel der Art *Tripneustes gratilla*. Eine Art aus dem Roten Meer. Simultanthermaphrodit oder getrennt geschlechtlich?
Foto: Robert Brons

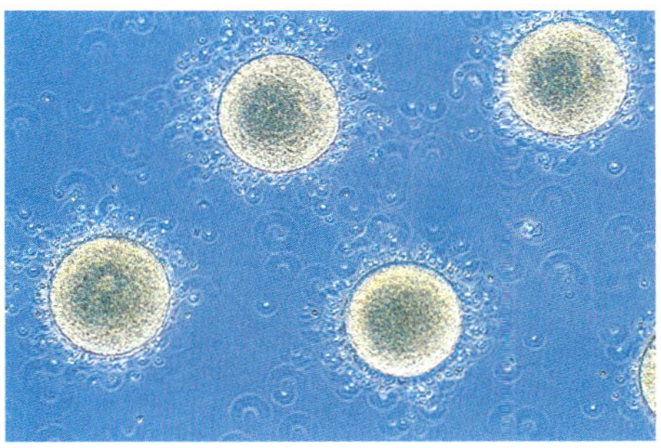

Oozyten des Seeigels *Tripneustes gratilla*. Bei genauem Hinsehen sind die Spermatozoen zu erkennen.

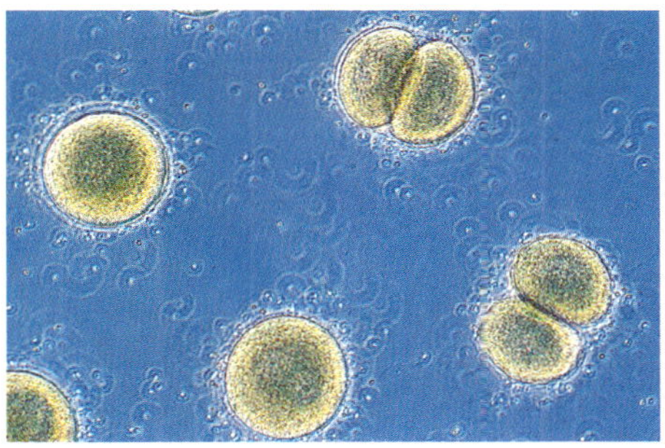

Oozyten von *Tripneustes gratilla* nach der ersten Zellteilung.
Fotos: Robert Brons

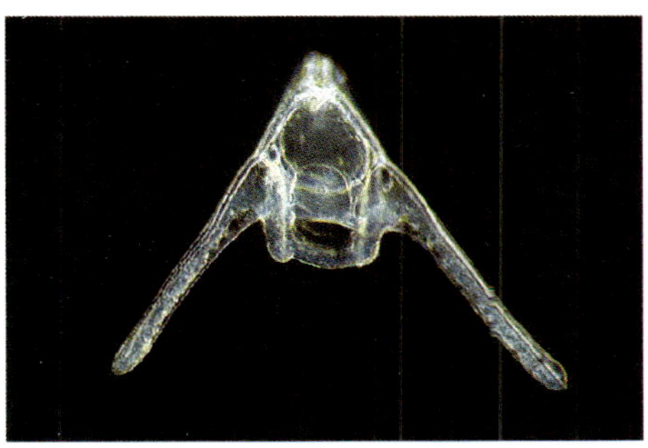

Planktontische Echinopluteus-Larve eines Seeigels. Es ist unwahrscheinlich, mit welchen abstrakten Körperformen die Welt der Kleinstlebewesen aufwartet.

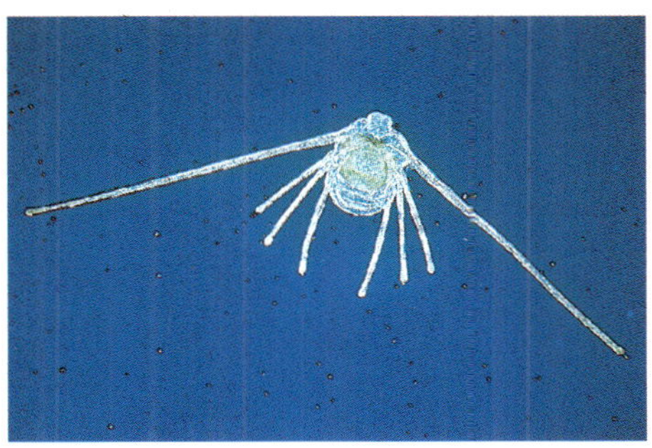

Planktontische Ophiopluteus-Larve eines Seesterns.

maphroditen sind, so daß auch eine Eigenbefruchtung praktiziert werden kann.
Im Riffaquar um kommt es hin und wieder vor, daß Seeigel ihre Fortpflanzungsprodukte abgeben. Danach gleicht das Wasser einer weißen, milchigen Brühe, die sich nicht zu klären scheint. Obwohl diese riesigen Mengen an Eiern und Sperma abgegeben werden, gelang eine Aufzucht im Riffaquarium bislang nicht. Dies mag an den Bedürfnissen der geschlüpften Larven liegen, die sich zunächst planktisch ernähren.
Aus den befruchteten Eiern schlüpfen nach etwa zwei Tagen kleine bewimperte Larven, aus denen sich wiederum kleine vier bis sechsarmige Wesen entwickeln, die in

Fachkreisen als Echinopluteus bezeichnet werden. Diese können sich mit ihren kleinen Armen aktiv fortbewegen. Häufig lassen sich die Larven passiv von der Strömung treiben. Echinopluteus-Larven ernähren sich von Mikroplankton und Kieselalgen. Nach einer Dauer von drei bis sechs Wochen wandelt sich dieses Entwicklungsstadium in einen kleinen Seeigel um, der fortan ein benthisches Dasein führt. Im Alter von zwei bis drei Jahren werden Seeigel geschlechtsreif.

Kleiner Seestern aus der Gattung *Protoreaster*.
Foto: Robert Brons

5. Seesterne - Klasse: Asteroidea

Viele langarmige Seesterne lassen sich ungeschlechtlich vermehren, indem ihnen ein Arm abgetrennt wird. Das Regenerationsvermögen dieser Tiere ist beeindruckend. So kann aus einzelnen Gliedmaßen ein vollständiger Seestern regeneriert werden, der zunächst einem Kometen ähnelt. Daß der fehlende Arm des Elterntiers einfach zu regenerieren ist, läßt sich denken.
Dem Abtrennen der Arme muß nicht immer ein unbeabsichtigtes Ereignis zugrunde liegen. Auch im Korallenriff ist derartiges zu beobachten. An Sollbruchstellen werden die Arme abgebrochen (entspricht der ungeschlechtlichen Vermehrung).
Seesterne sind getrenntgeschlechtlich. Einige Arten besitzen die Fähigkeit, bei Bedarf das Geschlecht umzukehren. Während dieser Phase handelt es sich um Hermaphroditen. THALER vertritt allerdings die Auffassung, daß die überwiegende Zahl aller Seesterne zwittrig veranlagt ist. Die Eiablage erfolgt im Verband (ausgelöst durch einen wechselseitigen Stimulus), um die Chance einer erfolgreichen Befruchtung zu erhöhen. Zuerst werden die männlichen Fortpflanzungszellen ins Wasser abgegeben - meist in Kombination mit einem chemischen Boten-

Die meisten Röhrenwürmer sind getrenntgeschlechtlich. Dies gilt auch für die farbenprächtigen Kalkröhrenwürmer.

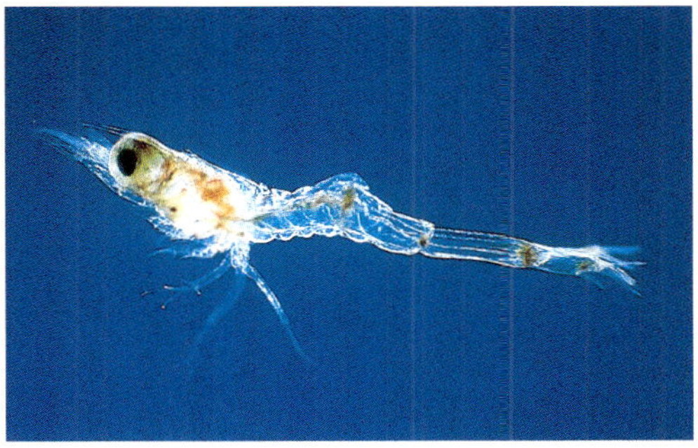

Erstes Larvenstadium von *Rynchocinetes uritai.*

Larvenstadium von *Rynchocinetes uritai* im Alter von einer Woche.

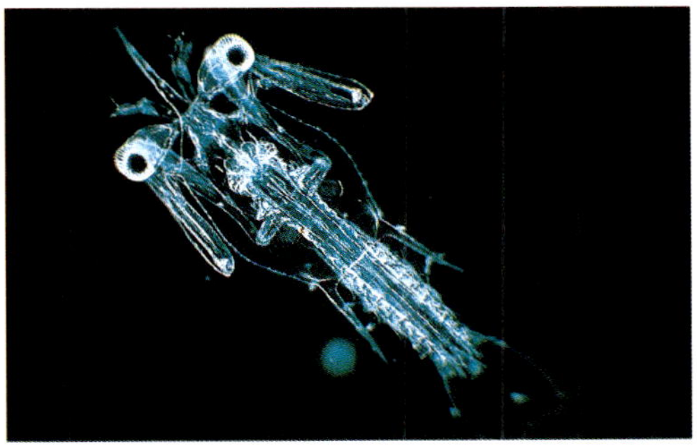

Larvenstadium eines Fangschrekkenkrebses der Art *Odontodactylus scyllarus.*

Fotos: Robert Brons

Tanzgarnele der Art *Rynchocinetes uritai.*
Foto: Robert Brons

stoff, der die Weibchen zur Eiabgabe stimuliert. Bei den farbenprächtigen Arten aus den Gattungen *Fromia* oder *Linckia* ist bislang keine erfolgreiche Nachzucht im Aquarium hervorgegangen. Obwohl viele kleinbleibende Seesterne sehr wohl einer vegetativen Vermehrung nachgehen. Selbst Kissenseesterne werden im Aquarium schon vermehrt. Leider ist es aber so, daß sich bislang offensichtlich nur jene Arten vermehren lassen, die für ein Riffaquarium ungeeignet sind. Weshalb nun ausgerechnet die beiden aufgeführten Gattungen im Aquarium sich nicht vermehren lassen, ist bis dato unbekannt.

Aus den befruchteten Eiern schlüpfen nach circa drei bis vier Tagen Schwimmlarven, die wissenschaftlich als Bipinnaria bezeichnet werden. Diese ernähren sich von winzigen Algen. Anfänglich schwebend, entwickeln sich bald Muskeln, die den Larven eine eigene Fortbewegung ermöglichen. Mit einer Länge von drei bis vier Zentimetern beginnt die Metamorphose zu einem Seestern. Bei der überwiegenden Zahl aller Seesterne findet die Umwandlung auf dem Boden statt.

Die Weißband-Putzergarnele *Lysmata amboinensis* ist hermaphroditisch veranlagt. Deshalb genügen zwei Exemplare zur Fortpflanzung. Foto: Robert Brons

6. Vielborster - Klasse: Polychaeta

Vorrangig interessieren uns bei den Polychaeten die Röhrenwürmer. Es sind in aller Regel getrenntgeschlechtliche Tiere, die ihre Fortpflanzungsprodukte frei ins Wasser abgeben. Zu diesem Zweck werden Eier und Spermien entweder durch Bruch der Körperwand, über die Nierengänge oder einfach durch Abtrennen einzelner Segmente am Ende des Wurms entlassen.

Im Aquarium kann das Ablaichen von Röhrenwürmern hin und wieder beobachtet werden. Das Männchen beginnt mit der-Abgabe seiner Fortpflanzungsprodukte, danach folgt das Weibchen.

Die geschlüpften Trochophora-Larven führen ein planktisches Leben, ehe über eine komplizierte Metamorphose die Umwandlung zu einem Wurm erfolgt.

Im Aquarium gelingt die Vermehrung von Röhrenwürmern immer wieder, ohne daß jedoch die genauen Voraussetzungen und Abläufe bekannt wären.

7. Zehnfußkrebse - Ordnung: Decapoda

Einen besonderen Reiz üben die vielen Krebsartigen auf uns aus. Bei den Meerwasseraquarianern stehen die Putzergarnelen der Gattung *Stenopus* und *Lysmata* hoch im Kurs. Nicht nur, daß es gern gepflegte Garnelen sind, auch ihre Vermehrung bietet eine besondere Herausforderung.

Die Gattung *Lysmata*

Bereits mit zwei Tieren einer Art ist es dem Aquarianer möglich, ein Paar zusammenzustellen. Der Grund ist einfach: Bei den Garnelen dieser Gattung handelt es sich fast ausnahmslos um Hermaphroditen. THALER konnte an einem ihrer solitär gehaltenen, adulten Exemplare sogar die Beobachtung der Eigenbefruchtung machen. Welcher Aquarianer konnte Derartiges ebenfalls beobachten?

Vor einiger Zeit nahm man an, daß die Fähigkeit des Hermaphroditen ausschließlich *Lysmata amboinensis* vorbehalten sei. Jüngere Untersuchungen haben jedoch ergeben, daß diese Möglichkeit auch die Feuergarnele *Lysmata debelius* und die Streifen-Putzergarnele *Lysmata graphami* besitzen (FRISCHE 1997).

Interessant ist dabei die Beobachtung, daß bei *Lysmata debelius* trotz der hermaphroditischen Eigenschaft durchaus Rivalitäten untereinander auftreten, die sogar zum Tod des unterlegenen Artgenossen führen können. Die beschriebene

Die Weißband-Putzergarnele *Lysmata amboinensis* mit grünschimmernden Eiern.
Foto: Robert Brons

Aggressivität tritt bei Feuergarnelen auf, deren Größen stark unterschiedlich sind. Außerdem scheinen zu beengte Lebensräume, zu wenig Nahrung und ein Mangel an geeignetem Unterschlüpfen eine weitere Ursache dafür zu sein. Weiterhin ist auffallend, daß bei der Vergesellschaftung von zwei geschlechtsreifen *Lysmata debelius* eine Differenzierung der Färbung zu beobachten ist. Das größere Tier verfärbt sich tiefrot, während der kleinere Artgenosse eine hellrote Körperfärbung annimmt. Unterschiede in den weißen Punkten sind sicherlich kein geschlechtsspezifisches Merkmal.

Bei der Weißband-Putzergarnele *Lysmata amboinensis* ist die Vergesellschaftung völlig unproblematisch. Hier ist die Pflege in einer Gruppe von fünf und mehr Tieren durchaus sinnvoll und praktikabel.

Bei den Arten aus dieser Gattung beansprucht die Entwicklung der grün oder gelb- bis orangefarbenen Eier etwa 14 Tage. Die Eier werden zwischen den Hinterbeinen getragen und durch Wedeln dieser immer wieder mit Frischwasser versorgt. Es findet eine aktive Pflege der Eier statt. Nach genanntem Zeitraum werden im Schutz der Dunkelheit die kleinen Larven abgesetzt. Damit die jungen Garnelen nicht von ihren Elterntieren gefressen werden, setzt kurz vor dem Wurf eine Freßsperre ein, die auch nach der Larvenabgabe noch einige Zeit andauert.

Ist die Abgabe der Larven erfolgreich abgeschlossen, erfolgt in vielen Fällen eine Häutung des Alttiers. Nach 14-tägiger Pause werden erneut befruchtete Eier angesetzt und ausgetragen. Wie die Befruchtung als solches abläuft ist bislang nicht dokumentiert und eines der vielen Geheimnisse. Sicher ist nur: Es findet eine innere Besamung der Eier statt, die jedes Mal eine erneute Kopulation erfordert. Die frühere Annahme, daß Spermien in einem speziellen Organ gespeichert werden und bei Bedarf abgerufen werden, ist zwischenzeitlich widerlegt.

Die Larven messen nach dem Schlupf knapp einen Zentimeter und ähneln bereits weitgehend den Elterntieren. Während die Larven von *Lysmata amboinensis* weiß gefärbt sind, schimmern die Larven von *Lysmata debelius* rötlich. Die Färbung ist auch unter dem Mikroskop sehr schön zu erkennen.

Die neugeborenen Garnelen sind positiv phototroph und reagieren auf jede Lichtquelle. Eine Möglichkeit, die sich nach dem bekanntem Schema nutzen läßt, um die Larven in ein Aufzuchtaquarium zu überführen. Das Wasser des Aufzuchtaquariums darf erst dann befüllt werden, wenn die Larven zum Umsetzen bereit sind.

Die Eigenschaft - dem Licht entgegenzuschwimmen - läßt auf sehr lichtempfindliche Sinneszellen schließen. Deshalb darf keine starke Beleuchtung eingeschaltet werden, denn die jungen Garnelen würden sonst sterben.

Die stets in Bewegung befindlichen Larven müssen innerhalb von zwölf Stunden die erste Nahrung erhalten. Gefüttert wird mit großvolumi-

Pärchen der Scherengarnele *Stenopus hispidus*.
Foto: Robert Brons

Die verschiedenen larvalen Entwicklungsstadien der Weißband-Putzergarnele *Lysmata amboiensis*:

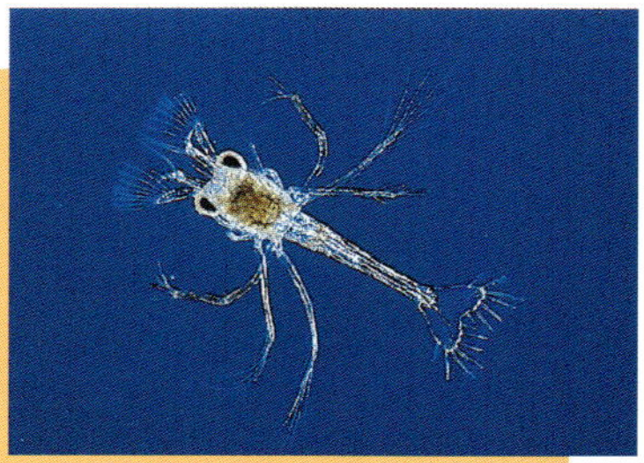

Erstes Larvenstadium.

Eine Woche alte Larve.

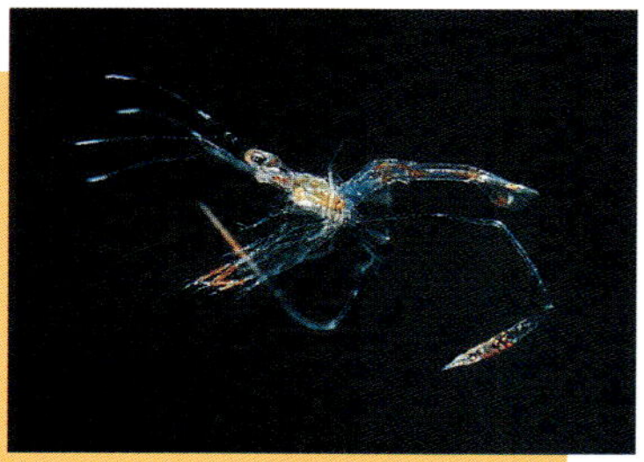

Einen Monat alte Larve.

2,5 Monate alte Larve.

Eine drei Monate alte Larve.

Fotos: Robert Brons

gem Zooplankton. Eine ganze Reihe junger Garnelen (genannter Arten) nehmen bereits Artemien. Vorausgesetzt, diese befinden sich im Schlupf, was nichts anderes bedeutet, als daß sich die Nauplie gerade aus dem Ei pellt. Die kleinen Garnelen können bereits sehr genau zwischen verwertbarer und nicht freßbarer Kost unterscheiden. Das Problem bei dieser Art von Ernährung ist, daß die leeren Eier im Aufzuchtwasser verbleiben und der regelmäßige Nachschub nicht einfach zu erfüllen ist.
Es ist schon ein imposanter Anblick wenn die kleinen Garnelen - einer Wolke gleich - durch das Wasser treiben um dem Nahrungsfang nachzugehen. Beliebte Standorte finden sich knapp unterhalb der Wasseroberfläche. Hier ist im natürlichen Biotop das meiste Zooplankton anzutreffen.
Mit einem Alter von sieben Tagen nehmen die kleinen Larven bereits Artemien eines jeden Entwicklungsstadiums. Bis dahin sind aber leider recht hohe Verluste bei den Garnelenlarven zu verzeichnen.
Je nach Art verlängern sich in den ersten Tagen die Augenstiele und das erste Beinpaar. Offensichtlich werden dabei viele essentielle Spurenelemente sowie große Energiemengen ver-

Weibchen der Scherengarnele *Stenopus hispidus* mit Eiern.
Foto: Robert Brons

Nach den verschiedenen larvalen Entwicklungsstadien (zu sehen auf Seite 118) ist nach rund 5 Monaten die Metamorphose abgeschlossen. Eine neue Weißband-Putzergarnele ist entstanden.
Fotos: Robert Brons

braucht. Doch nicht jede Garnelenlarve hat diese Reserven in ausreichender Menge zur Verfügung. Sie sterben. Es ist sehr gut zu beobachten: Jede Metamorphose ist mit einem Verlust an Larven verbunden. Mir war es bisher nicht vergönnt, die kleinen Garnelen länger als 28 Tage am Leben zu erhalten. Enthusiastische Meerwasseraquarianer wie Robert BRONS hingegen haben es geschafft *Lysmata amboinensis* zu vermehren. Georg SAMHUBER gelang die erfolgreiche Aufzucht von *Lysmata debelius*.

Die Gattung *Stenopus*

Im Gegensatz zu den zwittrigen *Lysmata* sind die Scherengarnelen getrenntgeschlechtlich. Während Jungtiere phänotypisch nicht zu unterscheiden sind, lassen sich Scherengarnelen mit dem einsetzen der Geschlechtsreife sehr wohl differenzieren. Durch den weiblichen Oberkörper von *Stenopus hispidus* schimmern die Geschlechtsorgane grünlich hindurch. Außerdem sind die Männchen an der zierlichen Gestalt zu erkennen. Die Weibchen wirken bullig. Diese sind zudem in aller Regel größer als ihre andersgeschlechtlichen Artgenossen.
Weiterhin handelt es sich bei Scherengarnelen um Revierbildner, die es nicht dulden, wenn andere Art- und Gattungsgenossen die Grenzen über-

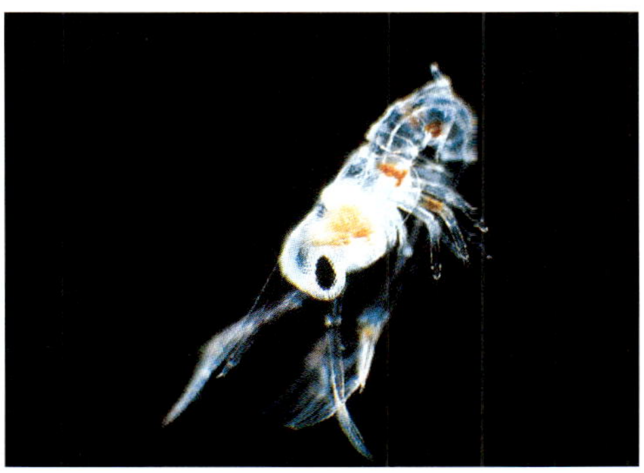

Links: Erstes Larvenstadium der Scherengarnele *Stenopus hispidus*.

Rechts: Zweites Larvenstadium der Scherengarnele *Stenopus hispidus*.

Fotos: Robert Brons

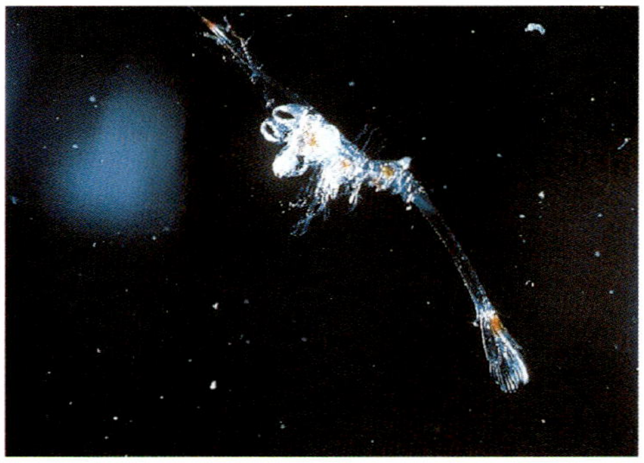

Larve der Scherengarnele *Stenopus hispidus* beim Verzehr einer *Artemia*-Nauplie. Foto: Robert Brons

schreiten. Nicht selten kommt es zu Kämpfen, bei denen im Idealfall lediglich eine Schere verloren geht, die bei der nächsten Häutung regeneriert wird. Die Reviere werden paarweise bewohnt. Die Reifung der Eier und die Abgabe der Jungtiere erfolgt analog zu *Lysmata*. Die frisch geschlüpften Larven haben einen weißen Körper. Die Aufzucht dieser Garnelen ist bislang nicht gelungen. Erschwerend kommt hier sicherlich die ausgeprägte Aggressivität hinzu. Ein zu beobachtendes Larvensterben muß ursächlich nicht immer ernährungsbedingt sein, sondern kann auf die brutalen Kämpfe untereinander zurückzuführen sein. Nicht zuletzt ist auch der Kannibalismus der Larven untereinander ein nicht zu unterschätzender Dezimierungsfaktor.

Mit den Garnelen schließt sich der Kreis wieder hin zu den Fischen, deren Larven von uns ähnlich behandelt werden. Auch die Garnelen setzen Eier ab, die sie bebrüten und zum Schlupf bringen - gleich vielen Fischen. Wir sind am Ende beziehungsweise wieder am Anfang angelangt und haben die Brücke vom Wirbellosen zum Wirbeltier schlagen können.

Zu diesem Kapitel verwendete Literatur:
Balling, H. W. 1995; Collinot, B. 1994; Debelius, H. 1988; Erhardt, H. & Moosleiter, H. 1995; Fautin, D. G. & Allen, G. R. 1994; Fossa, S. A. & Nilsen, A. J. 1995; Kipper, H. E. 1993; Knop, D. 1994; Lange, J. & Kaiser, R. 1991; Patzner, R. A. & Erhardt, H. 1993; Samhuber, G. 1996; Spies, G. 1987; Wirtz, P. 1996; Zarba, G. & Stagni, G. 1993

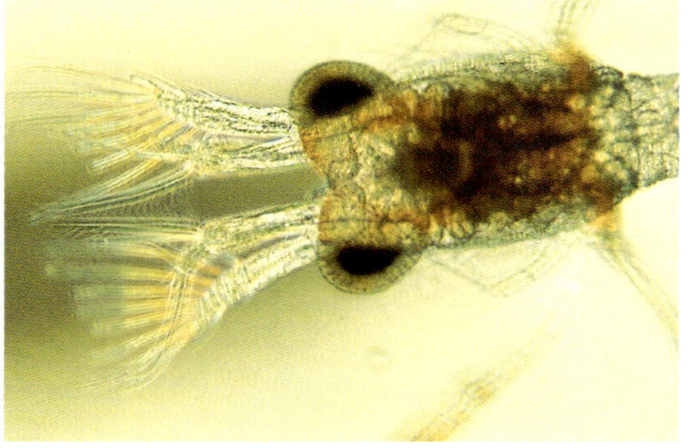

Drei Tage alte Feuergarnele. Eindeutig sind die roten Farbzüge im Kopfpanzer der Larve zu erkennen.

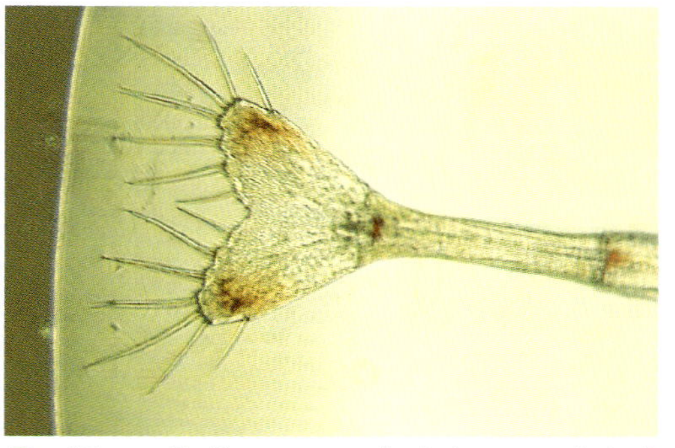

Drei Tage alte Feuergarnele. Interessant sind die Auswüchse am Schwanz. Dienen sie der Verteidigung?

Drei Tage alte Feuergarnele. Die gesamte Larve im Überblick.

Zukunftsperspektiven mariner Nachzuchten

Betrachtet man sich die Weiten der Meere, die schier endlose Artenfülle und Individuendichte eines Korallenriffs, die gewaltigen Dimensionen mancher Korallenriffe und die erstaunlich hohe Reproduktionsfähigkeit dieses einzigartigen Lebensraums, dann mag es schwer vorstellbar sein, daß die marinen Nachzuchten sinnvoll sind.
Es gibt jedoch eine Vielzahl von Argumenten, die für den Erwerb von Nachzuchten sprechen:

- Zunächst ist es natürlich wesentlich einfacher, einen im Aquarium gezüchteten Organismus hier am Leben zu erhalten. Der Fang, der Transport und die Zwischenhälterung verlangen ihre Opfer, die bei Nachzuchten nicht anfallen.
- Nachgezogene Lebewesen der tropischen Korallenriffe sind auf Ersatznahrung eingestellt und die Wahrscheinlichkeit eines ektoparasitären Befalls wird um ein Vielfaches reduziert.
- Der Organismus ist mit den Aquarienverhältnissen vertraut.

Somit gibt es nur positive Argumente für das Züchten und den Erwerb von Nachzuchten. Deshalb stellt sich die Frage: Weshalb bevorzugt der Meerwasseraquarianer Wildfänge?
Eine Erklärung ist die Unkenntnis des Meerwasseraquarianers, ob es sich bei den angebotenen marinen Tieren um Nachzuchten handelt oder nicht. Die Einführung einer Nachweispflicht für marine Nachzuchten könnte hier Abhilfe schaffen.
Eine Aussage bezieht sich auf die differente Färbung zwischen Nachzucht und Wildfang. Eine Ausrede, die nicht länger aufrechterhalten werden kann, da die heutigen Nachzuchten, siehe beispielsweise die Fische von Red Sea Fish Pharm Ltd., täglich aufs Neue den Gegenbeweis antreten.
Eine andere Ursache für den Vorzug von Wildfängen liegt im Preis. Beinahe ausnahmslos werden Nachzuchten teurer angeboten als Wildfänge. Eine Situation die schon allein dadurch gerechtfertigt werden kann, wenn man sich einmal den Arbeits-, Kosten- und Zeitaufwand betrachtet, der nötig ist, um erfolgreich züchten zu können. Allein dieses Buch gibt darüber bereits reichlich Aufschluß. Weiterhin ist darauf aufmerksam zu machen, daß der „billigere" Fisch nur im ersten Moment preisgünstiger erscheint. In vielen Fällen müssen zwei Exemplare erworben werden, um wenigstens einen davon langjährig pflegen zu können. Der Kaufpreis verdoppelt sich, und somit wird der Wildfang teurer als der nachgezogene Artgenosse.
Viele Meerwasseraquarianer sind durchaus bereit, Nachzuchten zu erwerben oder abzugeben. Hier zeigt vor allem der Bereich Blumentiere eine positive Entwicklung. Leider ist es in Deutschland momentan so, daß sowohl Anbieter als auch Interessent häufig nicht zueinander finden.
Hier muß ich Herrn Daniel Knop beipflichten, der

Gelungen ist die Vermehrung des Fledermausfisches *Platax orbicularis*. Trotz seiner Größe! Hier wäre es - wie bei allen Nachzuchten - sinnvoll und angebracht, die Nachzuchten den Wildfängen vorzuziehen. Dieses Exemplar ist 49 Tage alt.
Foto: Robert Brons

in einem seiner Aufsätze zu dem Ergebnis kam, daß es in der heutigen datenverarbeitenden Hightech-Welt mit Datenautobahnen, Internet, t-online und vielem mehr doch möglich sein müßte, einen Handel mit Nachzuchttieren aufzubauen. Ein Anfang findet sich offensichtlich jetzt in der Firma Aquanet oder Marin-Net . Es bleibt zu hoffen, daß dieses Angebot angenommen wird und Schule macht.

Biotopzerstörung contra Meeresaquaristik

Eine bisher vernachlässigte Problematik ist die Biotopzerstörung, für die vielfach die Meeresaquaristik verantwortlich gemacht wird. Hier findet sich ein weiterer Grund, der dafür spricht, den Nachzuchten den Vorzug zu geben.
Wie aber sind Biotopzerstörung und Meeresaquaristik miteinander verknüpft?
Regelmäßig wird dieses Steckenpferd zur Verantwortung herangezogen, wenn es beispielsweise um rücksichtslose Fischfangmethoden wie Dynamitfischen geht. Ein Blödsinn, der nur von jenen Personen vertreten wird, die sicher noch nie ein Meerwasseraquarium gesehen haben. Hier werden lebende Tiere gepflegt und keine toten!
Anders sieht es da schon mit dem Giftfang unter Zuhilfenahme von chemischen Stoffen (bekanntester Stoff: Cyanid) aus. Die auf diese Weise gefangenen Fische sind überwiegend für den Verkauf gedacht und werden nur gelegentlich als Speisefisch vor Ort angeboten. Ein Trend der sich momentan allerdings zu wenden scheint. Inzwischen haben Japaner entdeckt, daß es durchaus möglich ist, mit Cyanid gefangenen Fischen viel Geld zu machen. Große Zackenbarsche oder der allseits bekannte Napoleonfisch werden betäubt und lebend nach Japan verschifft. Hier kann der japanische Gourmet quasi den noch lebenden Fisch auswählen und vor Ort in seinem Stammlokal zubereiten lassen. Vor allem die wulstigen Lippen des Napoleon sind begehrt; wird ihnen doch der Ruf zu teil, daß hier potenzfördernde Stoffe eingelagert sind. Quatsch! Aber: Aus dieser neuen Form der Fischvermarktung heraus ist es nicht verwunderlich, daß genannte Großfische massiv in ihrem Bestand abgenommen haben. Merkwürdig nur, daß derartige Machenschaften bei uns in den Medien mehr oder minder tot geschwiegen werden. Während der verzehrenden Lobby enttäuschenderweise der Umgang mit Cyanid zugebilligt wird. Es gibt andererseits inzwischen viele Projekte, die den heimischen Fischern vermitteln, welche Folgen der Cyanidfang hat und wie der Fang ohne diese Substanz betrieben werden kann - beispielsweise mit Stellnetzen, Abzugsglocken oder Handkescher. Mit mehr oder minder großem Erfolg. Es liegt nicht im Interesse der Meerwasseraquarianer, daß die Fische mit chemischen Stoffen gefangen werden, da solche Fische im Aquarium ein nur kurzes Dasein führen (hohe Sterberate), wenn sie nicht bereits auf dem Transportweg oder bei der Zwischenhälterung verenden. Dem kommt noch hinzu, daß solche Stoffe auf die in der unmittelbaren Umgebung lebenden wirbellosen Tiere toxisch wirken.
Das heißt, der Schaden beschränkt sich nicht auf die entnommenen Tiere, sondern betrifft noch in viel größerem Umfang die verbleibenden Tiere am Ort der Entnahme.
Trotzdem wird diese Methode für die Meeresaquaristik immer noch praktiziert. Eine Tatsache, die sich nicht leugnen läßt und den Meerwasseraquarianern angelastet wird, ob es ihnen nun paßt oder nicht.
Direkt dagegen unternehmen können wir hier in Deutschland nichts. Unsere Händler können dem Fang mit Cyanid dahingehend entgegenwirken, daß solche Länder boykottiert werden, aus denen auf diese Weise gefangenen Fische importiert werden - was eine Zeit lang bei den Philippinen erfolgreich durchgeführt wurde. Inzwischen werben philippinische Exporteure damit, daß die von ihnen angebotenen Fische cyanidfrei gefangen wurden.
Die zu Anfang angeführte unvorstellbare Reproduktionskraft eines Korallenriffs funktioniert nur dann, wenn die Umweltbedingungen ideal bleiben. Eine Aussage, die für viele Riffe heute nicht mehr zutrifft. Überfischung, Umweltverschmutzung, Überbevölkerung und Raubbau haben dazu geführt, daß viele Riffe diesen Ver-

änderungen nicht mehr trotzen können und langsam absterben. Was in Jahrmillionen entstand, das hat der Mensch in nur einem Jahrhundert in seiner Existenz bedroht...
Um den Schutz der Riffe und deren Organismen zu erhalten, müssen vor Ort Maßnahmen zum Erhalt dieser einzigartigen marinen Welt geschaffen werden.
Maßnahmen wie das Import- und Handelsverbot der Falter- und Kaiserfische (01.01.1987 bis 14.06.1997) seitens Deutschlands sind lächerlich und ändern an der Situation nichts. Hier wurde mit der Meeresaquaristik das „schwächste" Glied einer Kette herausgesucht, um zu demonstrieren, wie sehr Deutschland dem Biotopschutz zugetan ist.
Zum Biotopschutz gehört aber vor allem daß die Menschen vor Ort der Kreatur den nötigen Respekt zollen. Solche idealistischen Vorstellungen zeigen ohne finanzielle Anreize wenig Wirkung. Küstenvölker beziehen bis zu 60 % des für ihre Ernährung benötigten Eiweißes aus dem Meer. Durch den Fang von marinen Organismen und deren Verkauf, erhalten viele Fänger eine regelmäßige Einnahmequelle, die sie zuvor nicht hatten. So hat die Meeresaquaristik in diesen Ländern inzwischen auch eine nennenswerte wirtschaftliche Bedeutung erlangt.
Auf dieser finanziellen Schiene läßt sich den Fischern verständlich machen, daß eine Zerstörung des Biotops langfristig ihr regelmäßiges Einkommen und damit ihre Existenz bedroht.
Daß Nationen wie Japan, Norwegen und Rußland hier desinteressiert sind und weiter die Schleppnetzfischerei als Fischfangmethode nutzen, ist höchst bedauerlich.
Ein weiterer Aspekt ist die Gefährdung von Arten durch übermäßiges Abfischen und Sammeln. In vielen Staaten, deren Küsten mit Korallenriffen gesäumt sind, wird deshalb ein kontrollierter Fang und ein Absammeln von marinen Lebewesen durchgeführt. Stets verbunden mit einer Schonzeit, die der Regenerierung der Bestände dienen soll.
All dies gerät in Vergessenheit, wenn es plötzlich um menschliche, egoistische Belange geht.
Die vielen Tonnen Seepferdchen, die jährlich gefangen werden, sind nicht für die Meeresaquaristik

Dieser Fledermausfisch, *Platax orbicularis*, ist gerade erst 22 Tage alt.
Foto: Robert Brons

bestimmt, sondern wurden als Pulver zur Potenzsteigerung beispielsweise nach China verkauft. Riesenmuscheln werden tonnenweise für den Verzehr nach Japan verschifft.
Derartige Unternehmungen sind selbstverständlich wesentlich lukrativer als die Meeresaquaristik. Deshalb darf man nicht der Illusion verfallen, daß Muschelfarmen wegen der Meeresaquaristik entstanden sind. Ihr Ziel ist die kommerzielle Vermarktung dieser Weichtiere zum Zwecke des Verzehrs. Daß die Meeresaquaristik mittlerweile dadurch auch beliefert wird, darf als glücklicher Umstand gewertet werden.
Prinzipiell sind Zuchtfarmen eine vernünftige Lösung. Durch ihre Arbeit werden Naturentnahmen minimiert oder vollständig ersetzt. Dies ist um so wichtiger, weil die Tridacnen durch das kulinarische Interesse in eine bedrohlich geringe Populationsdichte gekommen sind.
Leider scheint der Gedanke nicht ganz zu greifen. Denn die billigeren, geschmuggelten Riesenmuscheln aus den natürlichen Biotopen haben dazu geführt, daß eine ganze Reihe von Muschelfarmen geschlossen werden mußten, da der nötige Umsatz ausblieb.
Nicht nur Unschönes ist zu berichten. Es gibt in-

zwischen viele Bemühungen seitens der Länder, die sich glücklich schätzen dürfen, Korallenriffe vor ihren Küsten zu haben, die zum Erhalt dieser einzigartigen Biotope ihren Beitrag leisten.
Kontrollierter Fischfang, Reservate, Naturschutzgebiete sind nur drei Schlagworte, die dazu führen können, daß diese einzigartige Unterwasserwelt erhalten bleibt. Auch wir hier in Deutschland können dazu beitragen, die Korallenriffe am Leben zu erhalten.
Neben einigen Organisationen wie dem World Wildlife Found oder konkret das Projekt „Guimaras Mariculture Pilot Project" welches durch den Förderkreis Korallenriff e.V. mitfinanziert wird, die den Erhalt der Riffe sichern wollen, ist es wichtig, die Umweltverschmutzung zu reduzieren. Der derzeitig vorangetriebene Treibhauseffekt beispielsweise kann mit dem Bleaching von Steinkorallen in Verbindung gebracht werden. Die Ursachen-Forschung und Abschaffung des Treibhauseffekts geht uns alle an. Alle Maßnahmen, die dem Schutz der Korallenriffe dienen, werden sinnlos, wenn die globale Umweltverschmutzung voran schreitet.
Es bleibt zu hoffen, daß die Verantwortlichen aller Staaten weltweit erkennen, daß es kurz vor Zwölf ist und ein Handeln unumgänglich ist.
Wir Meerwasseraquarianer sind aufgefordert zu Beweisen, daß wir mit den Tieren - die wir pflegen - verantwortungsbewußt umgehen und Naturentnahmen auf ein Minimum reduzieren wollen. Daß dies möglich ist, sollte unter anderem eine der gestellten Aufgaben dieses Buchs gewesen sein. Bleibt zu hoffen, daß dies gelungen ist.

CITES-Bescheinigungen

Noch einmal möchte ich auf die sogenannten CITES-Bescheinigungen hinweisen. Bei diesen Papieren handelt es sich um den behördliche Nachweis, daß ein Lebewesen offiziell erworben und gehandelt wurde.
CITES-Bescheinigungen dienen unter anderem zur Registrierung von Lebewesen in einer Art Archiv, in dem diese Daten gesammelt und ausgewertet werden. Naturschutzbehörden geben diese Bescheinigungen aus - vor allen Dingen für gefährdete Tierarten.

Seepferdchen lassen sich in großen Stückzahlen vermehren. Die große Nachfrage an Seepferdchen die zur Behebung der Potenzprobleme der Chinesen dienen soll, wird nach wie vor durch den billigeren Wildfang abgedeckt. Foto: Robert Brons

Bei uns in Deutschland unterliegen derzeit Steinkorallen und Riffmuscheln der CITES-Pflicht. Dies heißt allerdings nicht, daß sich diese Liste der Tiere in Zukunft nicht erweitern, oder verändern wird.

DIE MEISTGEPFLEGTEN FISCHE IM TABELLARISCHEN ÜBERBLICK

Die nachfolgende Tabelle gibt eine Übersicht über eine Reihe jener Parameter, die für die erfolgreiche Nachzucht interessant sind.
Es wurden ausschließlich wissenschaftliche Namen verwendet, da die deutschen Trivialnamen mitunter recht unterschiedlich sind und es zu Irrtümern führen könnte. Die reichhaltige Literatur in diesem Bereich ermöglicht jedoch anhand des offiziellen Namens eine rasche Identifizierung.
Die Spalte „Ablaichvorgang" und „Zucht" beansprucht nicht das Recht auf Vollständigkeit. Vielmehr möchte ich dazu anregen, falls der ein oder andere Leser abweichende Beobachtungen gemacht hat, diese dem Verlag mitzuteilen, damit eine Komplettierung der Liste vorgenommen werden kann.
Herzlichen Dank schon jetzt für die Mitarbeit.

ARTNAME	**GESCHLECHTSMERKMALE**		**LAICHVORGANG**			**ABLAICHVORGANG**	**ZUCHT**
Wissenschaftliche Benennung	Männchen	Weibchen	Substrat	Pelagisch	Maul	Eiablage im Aquarium dokumentiert	im Aquarium gelungen
Die Familie Acanthuridae							
Acanthurus achilles	keine	keine		*		nein	nein
Acanthurus coeruleus	keine	keine		*		nein	nein
Acanthurus japonicus	keine	keine		*		nein	nein
Acanthurus leucosternon	keine	keine		*		nein	nein
Acanthurus lineatus	keine	keine		*		nein	nein
Acanthurus nigricans	keine	keine		*		nein	nein
Acanthurus olivaceus	keine	keine		*		nein	nein
Acanthurus pyrofeus	keine	keine		*		nein	nein
Acanthurus sohal	keine	keine		*		nein	nein
Acanthurus triostegus	keine	keine		*		nein	nein
Ctenochaetus hawaiiensis	keine	keine		*		nein	nein
Ctenochaetus strigosus	keine	keine		*		nein	nein
Ctenochaetus striatus	keine	keine		*		nein	nein
Paracanthurus hepatus	keine	keine		*		ja (mündlich)	nein
Zebrasoma flavescens	keine	keine		*		nein	nein
Zebrasoma scopas	keine	keine		*		ja (mündlich)	nein
Zebrasoma xanthurum	keine	keine		*		nein	nein
Die Familie Apogonidae							
Apogon cyanosoma	keine	keine			*	ja	nein
Sphaeramia nematoptera	keine	keine			*	ja	nein
Pterapogon kauderni	Fehlt der dritte Zipfel in der Genitalpapille NUR BEI GESCHLECHTSREIFEN TIEREN	Der dritte Zipfel der Genitalpapille ist verlängert NUR BEI GESCHLECHTSREIFEN TIEREN			*	ja	ja
Die Familie Blenniidae							
Atrosalarias fuscus	keine	keine	*			ja	nein
Ecsenius bicolor	Die Schwanzflosse ist verlängert	Eine Verlängerung der Schwanzflosse fehlt	*			ja	nein
Ecsenius midas	keine	keine	*			ja	nein
Enchelyurus flavipes	nein	nein	*			ja	ja
Meiacanthus atrodorsalis	nein	nein	*			nein	nein
Meiacanthus gravieri	nein	nein	*			nein	nein
Meiacanthus mossambicus	nein	nein	*			nein	nein
Meiacanthus nigrolineatus	nein	nein	*			ja	ja
Ophioblennius atlanticus	nein	nein	*			nein	nein
Salarias fasciatus	Der zweite und dritte Strahl der Afterflosse ist verlängert	Die Verlängerungen fehlen dem Weibchen	*			nein	nein
Die Familie Callionymidae							
Neosynchiropus ocellatus	Die Rückenflosse entspricht einem großen Fächer	Die Rückenflosse ist nicht vergrößert		*		ja	nein
Pterosynchiropus splendidus	Der erste Strahl der Rückenflosse ist stark verlängert	Keine Verlängerung des ersten Strahls der Rückenflosse		*		ja	ja
Synchiropus picturatus	Der erste Strahl der Rückenflosse ist	Keine Verlängerung des ersten Strahls der					

ARTNAME	GESCHLECHTSMERKMALE		LAICHVORGANG			ABLAICHVORGANG	ZUCHT
Wissenschaftliche Benennung	Männchen	Weibchen	Substrat	Pelagisch	Maul	Eiablage im Aquarium dokumentiert	im Aquarium gelungen
	verlängert			*		ja	nein
Die Familie Chaeotodontidae							
Chaetodon auriga	nein	nein		*		nein	nein
Chaetodon bennetti	nein	nein		*		nein	nein
Chaetodon capistratus	nein	nein		*		nein	nein
Chaetodon ephippium	nein	nein		*		nein	nein
Chaetodon collare	nein	nein		*		nein	nein
Chaetodon falcula	nein	nein		*		nein	nein
Chaetodon kleinii	nein	nein		*		nein	nein
Chaetodon lunlua	nein	nein		*		nein	nein
Chaetodon melanotus	nein	nein		*		nein	nein
Chaetodon rafflesi	nein	nein		*		nein	nein
Chaetodon semilarvatus	nein	nein		*		nein	nein
Chaetodon vagabundus	nein	nein		*		nein	nein
Chaetodon xanthurus	nein	nein		*		nein	nein
Chelmon rostratus	Steile Stirn, fast senkrechte Schnauze NUR BEI GESCHLECHTSREIFEN TIEREN	Die Schnauze fällt leicht nach unten ab NUR BEI GESCHLECHTSREIFEN TIEREN		*		nein	nein
Forcipiger flavissimus	nein	nein		*		nein	nein
Forcipiger longirostris	nein	nein		*		nein	nein
Hemitaurichthys polylepis	nein	nein		*		nein	nein
Hemitaurichthys zoster	nein	nein		*		nein	nein
Heniochus acuminatus	nein	nein		*		nein	nein
Heniochus intermedius	nein	nein		*		nein	nein
Die Familie Cirrhitidae							
Cirrhitichthys oxycephalus	nein	nein		*		ja	nein
Neocirrhites armatus	nein	nein		*		ja	nein
Oxycirrhites typus	Schwarzer Saum um Brust- u. Afterflosse	Der schwarze Saum fehlt		*		ja	nein
Paracirrhites arcatus	nein	nein		*		ja	nein
Paracirrhites forsteri	nein	nein		*		nein	nein
Die Familie Gobiidae							
Amblyeleotris aurora	nein	nein	*			nein	nein
Amblyeleotris wheeleri	nein	nein	*			nein	nein
Amblygobius bynoensis	Die erste Rückenflosse endet spitz	Die erste Rückenflosse endet rund	*			ja	nein
Amblygobius phalaena	nein	nein	*			nein	nein
Amblygobius rainfordi	nein	nein	*			nein	nein
Cryptocentrus caeruleopunctatus	Dunkle Flossen; Schwarzer Saum um die Schwanzflosse	Fehlen der männlichen Merkmale	*			nein	nein
Cryptocentrus cinctus	nein	nein	*			ja	ja
Fusigobius longispinnis	Rückenflossenstrahl verlängert	Keinen verlängerten Rückenflossenstrahl	*			ja	nein
Gobiodon citrinus	nein	nein	*			ja	nein
Gobiodon histrio	nein	nein	*			nein	nein
Gobiodon okinawae	nein	nein	*			nein	nein
Gobiosoma oceanops	nein	nein	*			ja	ja

ARTNAME	GESCHLECHTSMERKMALE		LAICH-VORGANG			ABLAICH-VORGANG	ZUCHT
Wissenschaftliche Benennung	Männchen	Weibchen	Substrat	Pelagisch	Maul	Eiablage im Aquarium dokumentiert	im Aquarium gelungen
Signigobius biocellatus	nein	nein	*			nein	nein
Stonogobiops nematodes	nein	nein	*			nein	nein
Valenciennea puellaris	Die Strahlen der ersten Rückenflossen sind fadenförmig verlängert (FRAGLICH)	Keine Verlängerung der Rückenflossenstrahlen	*			ja	nein
Valenciennea strigata	Die Strahlen der ersten Rückenflossen sind fadenförmig verlängert (FRAGLICH)	Keine Verlängerung der Rückenflossenstrahlen	*			ja	ja
Die Familie Grammidae							
Gramma loreto	keine	keine	*			ja	ja
Gramma melacara	keine	keine	*			ja	nein
Die Familie Labridae							
Anampses chrysocephalus	rotfarbener Kopf und wenig Punkte, rötliche Körperfarbe	Schwarzer Körper mit weißen Punkten		* * *		nein nein nein	nein nein nein
Anampses meleagrides	dunkel-orange-braune Körperfarbe; Schwanzflosse orange	Schwarze Körperfarbe mit weißen Punkten und gelber Schwanzflosse		*		nein	nein
Anampses twisti	keine	keine		*		nein	nein
Choerodon fasciatus	keine	keine		*		nein	nein
Novaculichthys taeniourus	keine	keine		*		nein	nein
Cirrhilabrus cyanopleura	verlängerte Bauchflossen und zugespitze Schwanzflosse	Fehlen der männlichen Merkmale; schwarzer Punkt an der Schwanzwurzel		*		nein	nein
Cirrhilabrus lobbocki	rötliche Färbung	mit weinroten Strichen durchzogen		*		nein	nein
Cirrhilabrus jordani	Gelber Bauch; orangefarbener Rücken; Roter Streifen entlang des Rückens, vom Auge beginnend	weißlicher Bauch sonst rot gefärbt; dunkler Streifen nur angedeutet		*		nein	nein
Cirrhilabrus rubriventralis	Verlängerter erster und zweiter Rückenflossenstrahl; Bauchflossen lang ausgezogen und rot	Rot-Orange gefärbt mit blauen Längslinien; abgerundete Schwanzflosse, farblose verkürzte Bauchflossen		*		nein	nein
Gomphosus varius	grüne Körperfarbe	graue Körperfarbe		*		ja	nein
Halichoeres chrysus	Fehlen des mittleren Augenflecks in der Rückenflosse	Vorhandensein des mittleren Augenflecks		*		nein	nein
Halichoeres chloropterus	dunkelgrüne Körperfarbe	hellgrüne Körperfarbe		*		nein	nein
Halichoeres iridis	keine	keine		*		nein	nein
Labroides dimidiatus	keine	keine		*		ja	nein
Macropharyngodon bipartitus	völlig anders gefärbt; Grüne Bänder am Kopf und Vorderkörper; U-förmiger schwarzer Fleck	orange mit weißen Flekken; großer schwarzer Be-					

ARTNAME	GESCHLECHTSMERKMALE		LAICHVORGANG			ABLAICHVORGANG	ZUCHT
Wissenschaftliche Benennung	Männchen	Weibchen	Substrat	Pelagisch	Maul	Eiablage im Aquarium dokumentiert	im Aquarium gelungen
	in Schwanzflosse; allgemein grünlich wirkend	reich um die Bauchregion mit irisierenden Flecken		*		ja	nein
Macropharyngodon ornatus	keine?	keine?		*		nein	nein
Paracheilinus mccoskeri	verlängerter Weichflossenstrahl in der Rückenflosse; dunkle Zone an der Schwanzflossenbasis	Fehlen der dunklen Zone, nicht so bunt, verwaschene blaue Streifen		*		nein	nein
Pseudocheilinus hexataenia	keine	keine		*		nein	nein
Pseudojuloides cerasinus	Grünblau mit gelben Längsstreifen	rötlich		*		nein	nein
Stethojulis bandanensis	blauirisierende Längsstreifen	Fehlen der irisierenden Streifen		*		nein	nein
Die Familie Malacanthidae							
Hoplolatilus purpureus	keine	keine		*		nein	nein
Hoplolatilus starcki	keine	keine		*		nein	nein
Die Familie Microdesmidae							
Nemateleotris decora	Die verlängerte Rückenflosse ist länger (FRAGLICH)	kürzere Rückenflosse (FRAGLICH)	*			nein	nein
Nemateleotris magnifica	keine	keine	*			ja (mündlich)	nein
Ptereleotris evides	keine	keine	*			nein	nein
Ptereleotris heteroptera	keine	keine	*			nein	nein
Ptereleotris zebra	keine	keine	*			nein	nein
Die Familie Opistognathidae							
Opistognathus aurifrons	keine	keine			*	ja	ja
Opistognathus rosenblatti	keine	keine			*	nein	nein
Die Familie Plesiopidae							
Assessor flavissimus	keine	keine	*			nein	nein
Assessor macneilli	keine	keine	*		*	nein	nein
Calloplesiops altivelis	keine	keine	*			ja	ja
Die Familie Pomacanthidae							
Apolemichthys trimaculatus	keine	keine		*		nein	nein
Centropyge acanthops	keine	keine		*		ja	nein
Centropyge argi	keine	keine		*		ja	nein
Centropyge bicolor	keine	keine		*		ja	nein
Centropyge bispinosus	keine	keine		*		ja	nein
Centropyge eibli	keine	keine		*		ja	nein
Centropyge flavicauda	keine	keine		*		ja	nein
Centropyge flavissimus	keine	keine		*		ja	nein
Centropyge ferrugatus	keine	keine		*		nein	nein
Centropyge heraldi	keine	keine		*		nein	nein
Centropyge loriculus	keine	keine		*		ja	nein
Centropyge potteri	keine	keine		*		nein	nein
Centropyge tibicen	keine	keine		*		nein	nein
Chaetodontoplus caeruleopunctatus	keine	keine		*		nein	nein
Chaetodontoplus dubouleyi	stark ausgeprägter weißer Fleck hinter den Augen	Der weiße Fleck ist nur angedeutet		*		nein	nein
Chaetodontoplus melanosoma	keine	keine		*		nein	nein
Chaetodontoplus mesoleucus	keine	keine		*		nein	nein
Genicanthus caudovittatus	gestreift	einheitlich weiß		*		nein	nein

ARTNAME Wissenschaftliche Benennung	**GESCHLECHTSMERKMALE** Männchen	 Weibchen	**LAICHVORGANG** Substrat	 Pelagisch	 Maul	**ABLAICHVORGANG** Eiablage im Aquarium dokumentiert	**ZUCHT** im Aquarium gelungen
Genicanthus lamarck	Es fehlt die Schwarzfärbung in den ausgezogenen Fähnchen der Schwanzflosse	Die ausgezogenen Fähnchen der Schwanzflosse sind schwarz		*		nein	nein
Holacanthus bermudensis	kein	keine		*		nein	nein
Holacanthus ciliaris	kein	keine		*		nein	nein
Holacanthus tricolor	kein	keine		*		nein	nein
Pomacanthus asfur	kein	keine		*		nein	nein
Pomacanthus chrysurus	kein	keine		*		nein	nein
Pomacanthus imperator	kein	keine		*		nein	nein
Pomacanthus navarchus	kein	keine		*		nein	nein
Pomacanthus paru	kein	keine		*		ja	nein
Pomacanthus semicirculatus	kein	keine		*		nein	nein
Pygoplites diacanthus	kein	keine		*		nein	nein
Die Familie Pomacentridae							
Amphiprion bicinctus	keine	keine	*			ja	ja
Amphiprion clarkii	keine	keine	*			ja	ja
Amphiprion ephippium	keine	keine	*			ja	ja
Amphiprion frenatus	keine	keine	*			ja	ja
Amphiprion melanopus	keine	keine	*			ja	ja
Amphiprion nigripes	keine	keine	*			ja	ja
Amphiprion ocellaris	keine	keine	*			ja	ja
Amphiprion percula	keine	keine	*			ja	ja
Amphiprion perideraion	Die weißen Kiemenstreifen sind kurz vor dem Rückenband unterbrochen	Die weißen Kiemenstreifen gehen bis zum Rückenband durch	*			ja	ja
Amphiprion polymnus	keine	keine	*			ja	ja
Premnas biaculeatus	keine	keine	*			ja	ja
Chromis cyanea	keine	keine	*			nein	nein
Chromis margaritifer	keine	keine	*			nein	nein
Chromis operculatus	keine	keine	*			nein	nein
Chromis viridis	keine	keine	*			ja	nein
Acanthochromis polyacanthus	keine	keine	*			ja	ja
Chrysiptera cyanea	Die Männchen sind an variablen Bereichen der Schwanz-, Bauchflossen und/oder dem Kehlbereich gelb gefärbt	Die Weibchen sind einheitlich blau und können einen schwarzen Fleck im hinteren Ende der Rückenflosse tragen	*			ja	nein
Chrysiptera hemicyanea	keine	keine	*			ja	nein
Chrysiptera parasema	keine	keine	*			ja	ja
Chrysiptera starcki	keine	keine	*			nein	nein
Chrysiptera taupou	langgezogener Körper; der schwarze Fleck im hinteren Bereich der Rückenflosse fehlt	ovaler Körperbau; Schwarzer Fleck im hinteren Bereich der Rückenflosse	*			ja	nein
Dascyllus aruanus	keine	keine	*			ja	ja
Dascyllus melanurus	keine	keine	*			ja	nein
Dascyllus reticulatus	keine	keine	*			ja	nein
Dascyllus trimaculatus	keine	keine	*			ja	nein
Neoglyphidodon nigroris	keine	keine	*			ja	nein

Artname	**Geschlechtsmerkmale**		**Laichvorgang**			**Ablaichvorgang**	**Zucht**
Wissenschaftliche Benennung	Männchen	Weibchen	Substrat	Pelagisch	Maul	Eiablage im Aquarium dokumentiert	im Aquarium gelungen
Neoglyphidodon oxyodon	keine	keine	*			nein	nein
Neopomacentrus cyanomos	keine	keine	*			ja	nein
Neopomacentrus xanthurus	keine	keine	*			nein	nein
Pomacentrus alleni	Die Afterflosse der Männchen ist kräftig gelb gefärbt	Die Afterflosse ist in einem fahlen Gelb gehalten	*			nein	nein
Pomacentrus caeruleus	keine	keine	*			nein	nein
Stegastes planifrons	keine	keine	*			nein	nein
Die Familie Pseudochromidae							
Pseudochromis cyanotaenia	viele Blautöne in der Körperfarbe	Rottöne in der Körperfarbe	*			ja	nein
Pseudochromis diadema	keine	keine	*			ja	nein
Pseudochromis flavivertex	Gelber Streifen von der Schnauze über den Rücken bis zur Schwanzflosse	Rücken graublau gefärbt; weißer Bauch mit vielen dunklen Punkten	*			ja	ja
Pseudochromis fridmani	Die Schwanzflosse ist unten ausgezogen	Die Schwanzflosse ist abgerundet	*			ja	ja
Pseudochromis paccagnellae	keine	keine	*			ja	nein
Pseudochromis porphyreus	keine	keine	*			ja	nein
Pseudochromis springeri	keine	keine	*			ja	nein
Die Familie Serranidae							
Pseudanthias evansi	keine?	keine?		*		nein	nein
Pseudanthias pleurotaenia	Körperfarbe rosarot mit rotem Fleck und ausgezogenem ersten Rückenflossenstrahl	Gelbe Körperfarbe und keinem verlängerten Rückenflossenstrahl		*		nein	nein
Pseudanthias squamipinnis	Körperfarbe rot und mit einem Fleck in den Brustflossen; ausgezogenem ersten Rückenflossenstrahl	Gelbe Körperfarbe und keinem verlängerten Rückenflossenstrahl		*		ja	nein
Pseudanthias tuka	Oberlippe überstehend	gelbe Streifen auf Rücken und Schwanzstiel		*		nein	nein

Die Seenadel *Doryrhamphus excisus*.
Foto: Robert Brons

Literaturverzeichnis

AHRENS, K. 1990. Anemonenfisch Zucht von *Amphiprion frenatus*. Aquarium heute 8(1), 24-25.

ALLEN, G. R. 1978. Die Anemonenfische - Arten der Welt. Melle, 104 S.

ALLEN, G. R. The King of the Cardinalfishes *Pterapogon kauderni*. T. F. H. 44(5), 32-45.

BALLING, H. W. 1995. Vermehrung einer *Heteroxenia*-Art durch Planula-Larven. DATZ 48(11), 712-714.

BAENSCH, H. A. & DEBELIUS, H. 1992. Meerwasser Atlas. Melle 1207 S.

BLOK, J. 1988, Betrifft. Zucht von *Calloplesiops altivelis*. DATZ 41(4), 59-60.

BOULIOU, G. 1996. *Cyclopterus lumpus*, la vie secrète un Cycloptère. Aquarama Hors Série, 54-57.

BRONS, R. 1994. Erfolgreiche Nachzucht von *Chrysiptera parasema*. DATZ 47(7), 416.

BRONS, R. 1995, Nachzucht von *Pseudochromis fridmani* und *Pseudochromis flavivertex*. DATZ 48(1), 7.

BRONS, R. 1996. Zucht und Larvalentwicklung von Zwergbarschen. DATZ 49(6), 372-375.

BRONS, R. 1997. Anwendung von professionellen Fischkulturmethoden bei der Aufzucht von Korallenfischlarven. 4. Internationales Meerwassersymposium, Lünen, 49-57.

BRONS, R. 1998. Natürliches und gezüchtetes Plankton. DATZ 51(7), 434-439.

CHLUPATY, P. 1990. The Care and Breeding of the Neon Goby. T.F.H. 39(1), 82-85.

COLLINOT, B. 1994. *Alpheus armatus*. Aquarama 27(1), 42-43.

DEBELIUS, H. 1986. Fischpartner Niederer Tiere. Stuttgart, 160 S.

DEBELIUS, H. 1988. Eno hat Geburtstag über die Fortpflanzung von Hummern. Aquarium heute 6(4), 24-28.

EICHHOLZ, I.1998. NACHZUCHT VON CRYPTOCENTRUS CINCTUS; DATZ 51 (10), 648 - 650

ERHARDT, H. & MOOSLEITNER, H. 1995. Meerwasser Atlas Band 2. Melle, 736 S.

ERHARDT, H. & MOOSLEITNER, H. 1995. Meerwasser Atlas Band 3. Melle, 584 S.

ESTERBAUER, H. 1990. *Anthias squamipinnis* Ökologische und verhaltensbiologische Beobachtungen. TI Nr. 97, 25-27.

ESTERBAUER, H. 1990. *Pseudochromis fridmani* - A Jewel of a Reef Fish. T.F.H. 39(5), 66-71.

ESTERBAUER, H. 1991. Das Rätsel der Anemonenfische Habitat- und Aquarienbeobachtungen an *Amphiprion bicinctus*. Aquarium heute 9(1), 24-26.

ESTERBAUER, H. 1991. Observations of the Domino Damselfish. T.F.H. 40(10), 52-61.

ESTERBAUER, H. 1995. Ecology and Behavior of *Pseudanthias squamipinnis*. T.F.H. 44(7), 50-60.

DE GRAAF, A. 1991, Als Aquarianer in den U.S.A. Fish Pharms. Aquarium heute 9(4), 27-28.

DE GRAAF, F. 1977, Tropische Zierfische im Meerwasseraquarium. Melsungen, 468 S.

DÜRBAUM, J. 1997. *Pterapogon kauderni*: Ethologische Beobachtungen. DATZ 50(6), 390-393.

DÜRBAUM, J. 1997. *Pterapogon kauderni*: Ethologische Beobachtungen. II. DATZ 50(7), 426-429.

DÜRBAUM, J. 1997, Copepoden- ein ideales Futter für Meeresfischlarven. DATZ 50(11), 726-729.

DÜRBAUM, J. & REIS, M. 1998. Lebendes Plankton - Neuer Impulsgeber für die heutige Riffaquaristik. I. Der Meerwasseraquarianer 2(3), 38-41.

DÜRBAUM, J. & REIS, M. 1998. Lebendes Plankton - Neuer Impulsgeber für die heutige Riffaquaristik. II. Der Meerwasseraquarianer 2(4), 38-41.

ESTERBAUER, H. 1996, Langnasen-Büschelbarsche im Aquarium. DATZ 49(2), 80-82.

FAUTIN, D. G. & ALLEN, G. R. 1994. Anemonenfische und ihre Wirte. Melle, 168 S.

FOSSA, A. & NILSEN, A. J. 1992. Korallenriff-Aquarium Band 1. Bornheim, 158 S.

FOSSA, A. & NILSEN, A. J. 1995. Korallenriff-Aquarium Band 4. Bornheim, 447 S.

FOSSA, A. & NILSEN, A. J. 1996, Korallenriff-Aquarium Band 5. Bornheim, 447 S.

FRISCHE, J. 1992. Das Riff-Aquarium. Melle, 192 S.

FRISCHE, J. 1997. Praxis Meerwasseraquarium. Hannover, 160 S.

FRISCHE, J. 1997. Marine Angelfishes. T.F.H. Publications Inc. 160 S.

FRISCHE, J. 1998. Ihr Hobby. Das funktionierende Meerwasseraquarium. Ruhmannsfelden, 79 S.

FRISCHE, J. & LISSNER, C. 1988. Ein zänkischer Anfängerfisch ist der Rückenflecken-Preußenfisch *Dascyllus reticulatus*. TI Nr. 86, 31-33.

FRISCHE, J. & LISSNER, C. 1991. Eine Fischgattung mit Eigenheiten. TI Nr. 104, 31-35.

FRISCHE, J. & LISSNER, C. 1992. Sex Characteristics in the Emperor Angelfish. T.F.H. 41(11), 50-52.

FRISCHE, J. & LISSNER, C. 1993. Fun With Clownfishes. T.F.H. 42(5), 44-54.

FRISCHE, J. 1993. Pflege und Ablaichverhalten von *Paracirrhites arcatus*. DATZ 46(6), 371-373.

FRISCHE, J. 1993. *Cirrhitichthys oxycephalus*. A Piscine Pugilist? T.F.H. 42(9), 32-40.

FRISCHE, J. 1993. Observations sur un hote inhabituel. Aquarama 27(11), 36-39.

FRISCHE, J. 1996. The Brown Rockhopper *Atrosalarias fuscus*. T.F.H. 45(4), 40-45.

FRISCHE, J. 1995. Der Samtanemonenfisch *Premnas biaculeatus*. DATZ 48(1), 24-25.

FRISCHE, J. 1995. Erfolgreiche Nachzuchten im Meerwasserbereich. Aquarium heute 13(1), 8-14.

FRISCHE, J. 1995. Riprodurre con successo gli organismi marini. Aquarium oggi 2(1), 10-16.

FRISCHE, J. 1995. Observations relatives à la formation de couples chez les poissons marins. Aquarama 28(5), 49-58.

FRISCHE, J. 1996. *Acanthurus olivaceus* und *Acanthurus tennenti*: Aggressive Einzelgänger oder sanfte Gruppentiere? DATZ 49(9), 577-578.

FRISCHE, J. 1996. *Gobiodon okinawae* (SAWADA, ARAI & ABE, 1973). Aquarama 30(5), 53-55.

FRISCHE, J. 1996. *Pterapogon kauderni* le poisson-cardinal de l´ile Banggai. Aquarama 30(11), 34-37.

FRISCHE, J. 1997. Noch einmal: Fischpolemik. DATZ 50(8), 519-521.

FRISCHE, J. 1997. Meerwasser-Möglichkeiten einzigartiger Beobachtungen. Pinocchio des Riffs. Aquarium *live* 1(6), 90-97.

FRISCHE, J. 1998. Ihr Hobby. Kaiser- und Falterfische. Ruhmannsfelden, 79 S.

FRISCHE, J. 1998. Ihr Hobby. Blumentiere im Meerwasseraquarium. Ruhmannsfelden, 79 S.

GREMBLEWSKI-STRATE, O. 1993. Erst Weibchen - dann Männchen Harems- oder Juwelen-Fahnenbarsch *Anthias squamipinnis* (BLOCH, 1792). Aquarium heute 11(2), 281-282.

GROBE, J. 1996. *Pterapogon kauderni*. Gelungene Nachzucht des Schwarzweißen Kardinalbarsches. Das Aquarium Nr. 328, 35-39.

HEBBINGHAUS, R. & ZAHN, M. 1993. Acropora und Favites Wachstum und selbständige vegetative Vermehrung von Steinkorallen im Aquarium. DATZ 46(1), 25-28.

HENNINGSEN, A. D. o.J. An Introduction to Breeding Clownfishes. T.F.H. 38(1), 97-99.

KALTENBACH, W. 1997. Rotfeuerfische laichten ab. DATZ 50(3), 197.

KIPPER, H. E.1993. Nun in großen Mengen zu züchten: Riffmuscheln aus dem Great Barriere Reef. Aquarium heute 11(1), 234-236.

KNOP, D. 1994. Riesenmuscheln. Ettlingen, 255 S.

KNOP, D. 1997. Vegetative Vermehrung durch Fragmentation. DATZ 50(2), 104-108.

KNOP, D. 1997. Vegetative Vermehrung durch Fragmentation. DATZ 50(4), 231-235.

KNOP, D. 1998. Riffaquaristik für Einsteiger. Stuttgart, 197 S.

KUITER, R. 1996. Verkehrte Welt-Das Männchen bekommt die Kinder - die Brutpflege bei *Hippocampus breviceps*. TI Nr. 129, 39-43.

LANGE, J. 1987. Nachzuchterfolge bei den Zwergzackenbarschen. TI Nr. 80, 18-20.

LANGE, J. & KAISER, R. 1988. Zuchtzentrum für Korallenfische. 75 Jahre Zoo-Aquarium Berlin. TI Nr. 90, 30-32.

LANGE, J. & KAISER, R. 1989. Ohne Plankton geht es nicht Probleme bei der Zucht von Korallenfischen. TI Nr. 92, 17-19.

LANGE, J. 1990, Die neuen Aufgaben eines Schauaquariums. TI Nr. 100, 35-37.

LEIS, J. M. & TRNSKI, T. 1989. The Larvae of Indo-Pacific Shorefishes. New South Wales University Press, 371 S.

LUTZ, A. 1993. Trennwände für Zuchtaquarien. DATZ 46(11), 674-675.

LUTY, A. 1996. Doktorfische. Sonderausgabe der Vereinigung der Meerwasseraquarianer e.V. „V.D.M.-Kurier Spezial".

MALPASS, D. jr. 1996. Raising *Amphiprion percula*. T.F.H. 44(8), 56-61.

MARTIN, G. & ELLERSIEK, U. 1995. Paarungsverhalten und Eiablage von *Ecsenius midas* im Aquarium. DATZ 48(7), 413-414.

MASANET, P. 1995. Reproduction de *Platax orbicularis*. Aquarama 28(7), 51-57.

NIEDER, J. 1994. Kosmopolit und Verwandlungskünstler, *Scartella cristata*. DATZ 47(3), 162-163.

PANKS, J. R. 1991 Breeding Octopuses - A Challenge for the Best. T.F.H. 40(7), 54-60.

PAWLOWSKY, E. 1994. Der Diamant-Lippfisch *Macropharyngodon bipartitus*. DATZ 47(11), 716-718.

PATZNER, R. A. & ERHARDT, H. 1993. Gruppenbildung bei Seeigeln ein Laichverhalten? DATZ 46(5), 298-299.

PLOEG, A. 1993. Die Zucht des gestreiften Seepferdchens bei Marcultura. DATZ 46(5), 304-306.

RANDALL, J. E. 1992. Red Sea Reef Fishes. Immer Publishing Limited, 192 S.

RUFFUS, H. 1985. Planmäßige Zucht von Seepferdchen. TI Nr. 71, 21-27.

SAMHUBER, G. 1996. Und es geht doch - *Lysmata debelius*. DATZ 49(1), 34-35.

SCHÖNFELDER, R. 1996. Erfolgreiche Aufzucht junger Schwarzmeer-Seenadeln. DATZ 49(9), 575-576.

SCHRAMM, P. 1995. Ungewöhnliche Eiablage von *Gobiodon okinawae*. DATZ 48(7), 413.

SEEHAUSEN, O. 1991. Zwei Grundeln aus Zanzibar. Brutbiologie und Teilerfolge bei der Aufzucht. TI Nr. 104, 27-30.

SHUTE, J. R. & TULLOCK, J. 1993, The Marine Team - Spawning Marine Fishes. T.F.H. 42(11), 78-79.

SHUTE, J. R. & TULLOCK, J. 1993. The Marine Team - Breeding Seahorses. T.F.H. 42(12), 56-60.

SOHN, J. J. 1994. Development of the Fish Embryo. T.F.H. 43(7), 70-75.

SPIES, G. 1984. Züchterkniffe VII. Anemonenfische. Stuttgart, 80 S.

SPIES, G. 1989. Praxis Meerwasseraquarium. Hannover, 189 S.

SPIES, G. 1987. Was habe ich denn nur falsch gemacht? Mißerfolge mit Garnelennachzuchten. TI Nr. 83, 25-26.

SPIES, G.1990. Rearing Marine Plankton. T.F.H. 39(4), 40-43.

SPRINGER, V. G. 1989. *Ecsenius*: The World`s Most Interesting Genus of Marine Fishes. T.F.H. 38(4), 38-52.

SPRINGER, V. G. 1989. *Ecsenius*: The World`s Most Interesting Genus of Marine Fishes. Part II. T.F.H. 38(5), 50-61.

STAEBLER, M. 1996. Das Ablaichverhalten der Gelbschwanz-Demoiselle. DATZ 49(10), 640.

STEENE, R. 1991. Wunderreiche der Natur Korallenriffe der Welt. Stuttgart, 336 S.

STRATTON, R. F. 1990. *Acanthochromis polyacanthus*: the Enigmatic Cottontail Damselfish. T.F.H. 39(2), 40-47.

STÜBER, D. 1994. Riffbildende Steinkorallen im Meerwasseraquarium. Esslingen, 264 S.

THALER, E. 1995. Fische beobachten. Stuttgart, 191 S.

THALER, E. 1993. Säbelzahnfisch-Zucht im Gemeinschaftsaquarium: Es funktioniert. DATZ 46(12), 774-776.

THALER, E. 1994. Der Brunnenbauer mit den Bernsteinaugen. DATZ 47(11,) 720-724.

THALER, E. 1996. *Pterapogon kauderni*. Ein „Modefisch"? DATZ 49(12), 780-783.

THALER, E. 1997. Schau mir in die Augen, Kleines! Biologie in unserer Zeit 27(1), 17-23.

THALER, E. 1997. Fischpolemik. DATZ 50(3), 164-172.

THALER, E. 1998. Meeresfische mit echter Brutpflege: Schwalbenschwanz-Riffbarsche! DATZ 51 (9), 576 - 582

TRESHER, R. E.1984. Reproduction in Reef Fishes. Neptune, New Jersey, 399 S.

VELTE, F., WICKER, R. & FENDT, P. 1997. Zur Fortpflanzungsbiologie von *Amphiprion melanopus*. DATZ 50(5), 318-322.

WASSINK, H. 1988. Eine gelungene Zucht des Mirakelbarsches *Calloplesiops altivelis* (STEINDACHNER, 1903). DATZ 41(3), 126-130.

WAGNER, A, 1989. Seltene Aquarienbewohner. Tintenfische aus dem Mittelmeer. TI Nr. 96, 30-32.

WICKLER, W. 1965. Zur Biologie und Ethologie von *Ecsenius bicolor*, Pisces, Teleostei, Blenniidae. Zeitschrift für Tierpsychologie 22(1), 37-49.

WIRTZ, P. 1996. Partnerwahl bei einer Seescheide. DATZ 49(10), 617.

ZARBA, G. & STAGNI, G. 1993. Wunderschön, zuweilen gefährlich: Nudibranchia jetzt im Aquarium gezüchtet. Aquarium heute 11(2), 283-284.

Stichwortverzeichnis

Weitere Meerwasser-Literatur aus dem bede-Verlag

Erfolg mit Riffaquarien

Lernen auch Sie die geheimnisvolle Welt der Meerwasseraquarien kennen!
Hier finden Sie 160 Seiten geballte Information mit etwa 180 faszinierenden Farbabbildungen, die auch Sie in den Bann der Meeresaquaristik ziehen werden.

ISBN 3-927 997-14-5 **DM 49,80**

Ratgeber Riffaquarien

Das Buch für den erfolgreichen und raschen Einstieg in die Meerwasseraquaristik - für Anfänger und Profis. Themen wie artgerechter Besatz, Vermehrung und natürlich auch die Fütterung im Meerwasseraquarium werden hier ausführlich auf 96 Seiten besprochen.

ISBN 3-927 997-48-X **DM 29,80**

Das funktionierende Meerwasseraquarium

ISBN 3-931 792-46-3

Blumentiere im Meerwasseraquarium

ISBN 3-931 792-72-2

Kaiser- und Falterfische

ISBN 3-931 792-47-1

Je Titel nur DM 19,80

80 Seiten · ca. 90 Farbbilder

Fordern Sie unverbindlich unseren Gesamtprospekt an!